***ACCESO GRATIS** a la Lectura en la Nube*

Para visualizar el libro electrónico en la nube de lectura envíe junto a su nombre y apellidos una fotografía del código de barras situado en la contraportada del libro y otra del ticket de compra a la dirección:

ebooktirant@tirant.com

En un máximo de 72 horas laborables le enviaremos el código de acceso con sus instrucciones.

DERECHO INTERNACIONAL PRIVADO, PLURILEGISLACIÓN CIVIL ESPAÑOLA Y DERECHO INTERREGIONAL

DERECHO INTERNACIONAL PRIVADO, PLURILEGISLACIÓN CIVIL ESPAÑOLA Y DERECHO INTERREGIONAL

Pablo Quinzá Redondo
Profesor Titular de Derecho internacional privado
Universitat de València

tirant lo blanch
Valencia 2025

En caso de erratas y actualizaciones, la Editorial Tirant lo Blanch publicará la pertinente corrección en la página web www.tirant.com.

Esta obra se enmarca en el Proyecto I+D+i para grupos de investigación emergentes CIGE/2024/3, titulado "Constitución española, conflictos de leyes y plurilegislación civil española", financiado por la Conselleria de Educación, Cultura, Universidades y Empleo de la Generalitat Valenciana, del que es IP Pablo Quinzá Redondo.

Director de la colección:
ANDRÉS RODRÍGUEZ BENOT
Secretario de la colección:
CÉSAR HORNERO MÉNDEZ

EDITA: TIRANT LO BLANCH
C/ Artes Gráficas, 14 - 46010 - Valencia
TELFS.: 96/361 00 48 - 50
FAX: 96/369 41 51
Email: tlb@tirant.com
www.tirant.com
Librería virtual: www.tirant.es
DEPÓSITO LEGAL: V-3517-2025
ISBN: 979-13-7010-760-4
MAQUETA: Innovatext

Si tiene alguna queja o sugerencia, envíenos un mail a: *atencioncliente@tirant.com*. En caso de no ser atendida su sugerencia, por favor, lea en *www.tirant.net/index.php/empresa/politicas-de-empresa* nuestro Procedimiento de quejas.

Responsabilidad Social Corporativa
http://www.tirant.net/Docs/RSCTirant.pdf

Para

A.

P.

A.

Índice

I. DISEÑO CONSTITUCIONAL DEL PLURALISMO JURÍDICO ESPAÑOL EN MATERIA CIVIL

II. LA COMPETENCIA PARA LA ELABORACIÓN DE NORMAS PARA RESOLVER LOS CONFLICTOS DE LEYES EN LA CONSTITUCIÓN ESPAÑOLA

III. CONFLICTOS INTERREGIONALES Y DERECHO INTERREGIONAL

IV. LA PLURILEGISLACIÓN CIVIL ESPAÑOLA EN EL CONTEXTO INTERNACIONAL

PRÓLOGO

La obra que el lector tiene en sus manos es el séptimo número de la colección *Cuadernos CDNIC* de la Cátedra de Derecho Notarial Internacional y Comparado, creada en 2019 entre la Facultad de Derecho de la Universidad Pablo de Olavide y el Ilustre Colegio Notarial de Andalucía. Lanzada con el ánimo de difundir estudios de calidad —prácticos y, a la vez, teóricos— relacionados con el objeto de su actividad, la colección afianza con esta entrega su firme recorrido editorial.

La presente monografía se centra en un tema de enorme complejidad a la vez que de absoluta actualidad: partiendo de la realidad normativa de una plurilegislación civil en el Reino de España (que da lugar al denominado Derecho interregional), el autor analiza la utilización de las técnicas del Derecho internacional privado para abordar los conflictos asimismo llamados interregionales. Ello tanto para los supuestos puramente *españoles* (esto es, aquellos en que se suscita qué ordenamiento español aplicar, si el Derecho civil común o el propio de uno de las seis Comunidades Autónomas que disponen de él), como para las situaciones externas de las que conozca una autoridad extranjera cuya norma de conflicto declare aplicable el Derecho español a una materia en que éste sea plurilegislativo (señaladamente la sucesión *mortis causa*). Para el éxito de este análisis, la obra inteligente y armoniosamente estudia con carácter previo el diseño constitucional del pluralismo jurídico español en materia civil, así como la competencia para la elaboración de normas para resolver los conflictos de leyes en la Constitución de 1978.

Salir victorioso de un desafío como el expuesto requiere unas condiciones previas que el autor y su creación intelectual han tenido el mérito de cumplir. En primer término, adoptar una perspectiva multilateral de la cuestión que incorpore el Derecho tanto público como privado; por ello esta no es una obra —más o sólo— de Derecho internacional privado, sino un libro integral sobre la materia. En segundo lugar, incluir la necesaria visión politológica de la cuestión, por cuanto los planteamientos políticos en un marco territorial tensionado como es el español le afectan sobremanera. Seguidamente, manejar con precisión quirúrgica las categorías jurídicas del Derecho internacional privado y sus métodos de reglamentación, pues este ámbito no escapa a la dialéctica entre el universalismo y un renacido unilateralismo. Por último, que el autor disponga de un diseño mental abierto, de un espíritu constructivo —lejos de esos encasillamientos y apriorismos tan típicos en nuestra disciplina—, de una exquisita técnica investigadora y de un conocimiento material ingente fruto de años de estudio en España y fuera de ella.

A buen seguro esta nueva obra de la colección *Cuadernos CDNIC* suscitará el interés por el estudio de la materia, la sana controversia científica, el ánimo en el legislador de afrontar de una vez la solución normativa a problemas apremiantes y la claridad en los aplicadores del Derecho (señaladamente los Notarios, destinatarios de nuestra misión) a la hora de afrontar los supuestos abordados en la monografía.

Andrés Rodríguez Benot
Catedrático de Derecho internacional privado
Universidad Pablo de Olavide

INTRODUCCIÓN

Cualquier trabajo científico que, en el año 2025, se refiera al Derecho internacional privado, la plurilegislación civil española y/o el Derecho interregional[1], aparte de resultar ciertamente poco atractivo si se compara con cualquiera de los *leitmotivs* más recientes —ya les anticipo que no encontrarán referencias a la inteligencia artificial en las siguientes páginas, para bien o para

---

1 El concepto de "Derecho interregional" fue utilizado por primera por el Dr. Juan de Dios Trías y Giró, Catedrático de Derecho internacional de la Universidad de Barcelona, en el Congreso Jurídico de Barcelona celebrado en 1888, quien consideró tal expresión más apropiada que la de "Conflicto interprovincial" o "Derecho interprovincial", por cuanto la provincia, no es una entidad histórica ni jurídica, sino una localización moderna y meramente administrativa. En su opinión, la existencia dentro de las fronteras españolas de regiones históricas que algún día fueron independientes es la razón que ha perpetuado la diversidad jurídica y, en consecuencia, los conflictos surgidos en torno a la misma deben ser referidos como "Derecho interregional" (J.M. Trías De Bes, *Estudios de Derecho internacional privado con aplicación especial al Derecho español*, Sociedad general de publicaciones, Barcelona, 1921, p. 169). Por su parte, habla de la "diversidad del Derecho interior" (M. Lasala Llanas, *Sistema español de Derecho civil internacional e interregional*, Ed. Revista de Derecho privado, Madrid, 1933, p. 43).

mal—, cuenta, al menos en el plano académico, con un aura de mera reiteración de ideas o, como mucho, de puesta al día de las mismas que, a todas luces, es quimérica o, cuando menos, imprecisa. Se trata de tópicos adiposos emanados de quienes abjuran, desde su atalaya intelectual, que no hay nada más por discutir. La idea que aquí se defiende es la contraria. El epistolario entre juristas, aunque provoca un limitado y lento avance —como si de placas tectónicas que se mueven y colisionan se tratara—, es siempre necesario y, sobre todo, nunca suficiente. Menos aún en una temática como esta, en la que no puede negarse que, a la vista de la práctica constitucional, judicial y administrativa, el binomio conflictos de leyes-derechos civiles españoles sigue rodeado de importantes matices incomprendidos o misterios no resueltos.

Frente al ensimismamiento de las áreas de conocimiento que más especialmente se han ocupado de esta problemática desde "su" perspectiva —el Derecho civil, el Derecho constitucional o el Derecho internacional privado, como también, en menor medida, la Historia del Derecho o el Derecho tributario—, el presente trabajo pretende ofrecer una visión transversal, no compartimentalizada, de la situación existente en el ordenamiento jurídico español partiendo de una premisa básica: debe comprenderse primeramente el *qué* —la plurilegislación civil española—

para posteriormente centrarse en el *cómo* —las reglas que resuelven los conflictos emanados de la misma—. En torno a tal premisa, conviene valorar la actitud activa o pasiva de los distintos legisladores involucrados: el autonómico, el estatal, el europeo y, de manera paralela, la del constituyente de 1978, porque ninguno se encuentra desprovisto de su correspondiente cuota de responsabilidad respecto de la compleja situación actual. Todos estos eslabones sueltos y/o puntos de vista se intentarán engranar a través de una presentación lógica y ordenada de resultados de conformidad con la siguiente estructura.

El primer capítulo parte, como no podía ser de otra manera, de los orígenes, límites y posibilidades en torno a la cual se articula la plurilegislación civil española a tenor de lo dispuesto en el art. 149.1.8.ª CE. Se trata, este último, de un título competencial muy controvertido sobre el que se pone en tela de juicio, de manera casi constante, el mecenazgo del Tribunal Constitucional respecto de dos aspectos muy concretos: a) las materias (civiles) reguladas por los legisladores autonómicos de Derecho civil foral o especial, que cada vez tienden a ser más diversas de las "originalmente" previstas; y b) la legitimación, en sí misma considerada, de una Comunidad Autónoma para legislar en materia civil, aspecto referido muy particularmente a la determinación de los territorios que pueden ejercer tal potestad.

El segundo capítulo también es esencialmente constitucional, pero ahora se centra en el art. 149.1.8.ª CE respecto de la competencia exclusiva estatal para la elaboración de las normas para resolver los conflictos de leyes, en torno a la que las injerencias de los legisladores autonómicos al elaborar normas que delimitan el ámbito de aplicación personal y/o proclaman la eficacia territorial del Derecho civil creado por "ellos", pone de manifiesto las notables tensiones competenciales existentes. Se analizará, en este sentido, si este tipo de normas han recibido reproche constitucional alguno por parte del Tribunal Constitucional y, de ser así, si se ha mantenido una línea continuista en torno a las mismas o si, por el contrario, se han producido vacilaciones recientes.

En el capítulo tercero, partiendo de la ya mencionada competencia exclusiva estatal para la elaboración de las normas para resolver los conflictos de leyes de conformidad con el art. 149.1.8.ª CE, se analizará una de las dos "mitades" que el ejercicio de esta conlleva: la resolución de los supuestos heterogéneos normativos internos, es decir, aquellos conectados en su totalidad con el ordenamiento jurídico español y en los que debe dilucidarse, muy particularmente, la aplicación de un Derecho civil español u otro. Se valorará, de manera crítica, si el legislador español ha asumido tal mandato de manera eficiente y actualizada y, del mismo modo, si resulta posible y/o conveniente utilizar reglamentos europeos o convenios internacionales en conflictos internos. Tras ello, el papel de la vecindad civil como conexión en el Derecho interregional será puesto a debate.

El alcance de la plurilegislación civil española trasciende, en cualquier caso, las fronteras del ordenamiento jurídico español, como se pone de manifiesto en el capítulo cuarto. También afecta a los supuestos que presentan un elemento de extranjería cuando la correspondiente norma de Derecho internacional privado designa la aplicación de la ley española, en términos globales. Los mecanismos de remisión a ordenamientos plurilegislativos constituyen, en este sentido, la norma de aplicación del sistema encargada de resolver tales supuestos. En relación con los mismos y, en particular, con los reglamentos europeos, interesa averiguar la *ratio legis* y las implicaciones que conlleva optar por un mecanismo u otro y, del mismo modo, cómo estos pueden interactuar con la situación existente en el ordenamiento jurídico español. Para ello, se tomará como ejemplo particular la materia de las sucesiones internacionales.

Presentada la estructura, es importante contextualizar los parámetros en los que se mueve esta temática, para no caer en la fascinación, pero tampoco en el pesimismo. Interesa compartir, en este sentido, dos ideas. No son conclusiones anticipatorias, sino meros pensamientos introductorios que, aunque alcanzados después de haber terminado el trabajo, pueden ser de utilidad para comprender el trasfondo de la situación en este estadio inicial.

El primero se refiere al hecho de que el modelo territorial español vigente está ciertamente en crisis, y aunque la plurilegislación civil española es solo una manifestación más de este, constituye una buena muestra de la global situación actual. Las Comunidades Autónomas tienden a ir diferenciándose del Estado Central, con una tendencia marcadamente federal. Se trataría, en cualquier caso, de un federalismo de carácter asimétrico, en tanto en cuanto la Constitución Española conduce, en última instancia, a que las reglas del juego no sean las mismas para todos. Sea como fuere, el federalismo en sí mismo no implica plurilegislación civil —así ocurre, por ejemplo, en Alemania—, ni tampoco el unitarismo impide tal diversidad —caso del Reino Unido—. Se ha llegado incluso a plantear en el programa electoral de algún partido político que concurrió a las elecciones generales de 2023, la posibilidad de instaurar un modelo territorial que convierta a España en un Estado plurinacional —reivindicación que, en cualquier caso, no es nueva—. De este modo, cabría plantearse si la situación existente en torno a la plurilegislación civil española en sí misma encajaría mejor en otro modelo distinto al llamado Estado de las Autonomías.

El segundo, derivado en cierto modo del anterior, es que la situación existente en el ordenamiento jurídico español, más allá de tratarse de un problema esencialmente constitucional, también sirve para ejemplificar los derroteros actuales que atraviesa el Derecho internacional privado —y el Derecho interregional que, en España, se vale de tales normas—: las reglas de conflicto multilaterales, en términos *savignianos*, aunque siguen siendo mayoritarias en los reglamentos, convenios internacionales y normativa interna, conviven con una cada vez mayor revitalización de las posiciones unilateralistas en esta disciplina[2]. De este modo, dejando de lado la cuestión de si la Constitución Española lo permite o no, cuando un legislador autonómico introduce reglas o normas encaminadas a determinar exclusivamente los casos en que es de aplicación "su" propio derecho, no ocupándose ni previendo la

2 Entendiendo por normas unilaterales, muy a grandes rasgos, porque no son pocos los matices que pueden introducirse al respecto, aquellas cuyo cometido es fijar los supuestos de aplicación de su propio ordenamiento jurídico, frente a las bilaterales, cuyo cometido es decidir qué ley es la aplicable, sea la del foro o una extranjera (A. Miaja de la Muela, *Derecho internacional privado. Introducción y parte general*, t.I, 2.ª ed., Atlas, Madrid, 1956, p. 295).

aplicación de leyes extranjeras —ni de otras españolas, en realidad—, está haciéndose eco del "renacimiento" de dicha corriente unilateralista[3]. Pues bien, curiosamente, una de las características que intrínsecamente se han atribuido al unilateralismo ha sido su evidente motivación por consideraciones políticas[4]. ¿Y qué ocurre en España? Que la plurilegislación civil española y las normas que resuelven sus conflictos son, al fin y al cabo, una cuestión política. La situación existente en España, claramente, se entroncaría con uno de los caracteres básicos del unilateralismo.

Sentadas todas las bases anteriores, una última reflexión introductoria: la polarización de planteamientos nunca es positiva, como tampoco el encasillamiento de posiciones. No es infrecuente escuchar, en este sentido, los calificativos de "foralista" o "centralista" —también "europeísta"— para criticar a otros. Esto no es lo bueno ni lo deseable. Debería ser posible "pertenecer" a un territorio con Derecho civil propio y, a su

---

3 Son varios los autores que han abordado dicha cuestión, destacando, entre otros, S.C. Symeonides, "Private International Law: Idealism, Pragmatism, Eclecticism", *Recueil des Cours*, vol. 284, Nijhoff, La Haya, 2017, pp. 131–194.

4 Como pone de manifiesto, por ejemplo, S. Francq, "Party autonomy and Regulation —Public Interests and Private international Law—", *Japanese Yearbook of International Law*, vol. 59, 2016, p. 298.

vez, no negar las deslealtades de algunos legisladores autonómicos con la Constitución Española. Del mismo modo, sería muy positivo ser un académico/práctico del derecho de un territorio del Derecho civil común y, a su vez, poder tratar sin animadversión o repulsa el derecho de otros territorios de España que, sobra decirlo, también son españoles.

I. DISEÑO CONSTITUCIONAL DEL PLURALISMO JURÍDICO ESPAÑOL EN MATERIA CIVIL

La pluralidad normativa del ordenamiento jurídico español es fruto de una herencia histórica muy controvertida, que se encuentra marcada por la constante pugna entre los intentos de integración de las diferentes normas en un único sistema y la resistencia a su desaparición de los varios sistemas jurídicos diferenciados del estatal, al albur de las estructuras políticas y organizativas de España en cada momento. Partiendo de dicha circunstancia y sin ánimo de realizar un repaso histórico del origen de la plurilegislación civil en España, que exigiría remontarse varios siglos atrás, sí que es importante poner de manifiesto los acontecimientos que, por su cercanía en el tiempo, más influyeron en el modelo por el que opta la Constitución Española de 1978, y que sigue vigente en la actualidad.

1. COMPONENTES HISTÓRICOS RECIENTES DEL MODELO

La codificación del Derecho civil común data de 1889, cuando se promulga el actual Código

Civil[5]. Su proceso de gestación fue largo y costoso. En torno al mismo, conviene destacar los varios intentos, primero, de "terminar" con la diversidad de Derechos civiles existentes y de implantar el Derecho castellano como único Derecho civil en España y, posteriormente, fallidos estos, de vincular, de algún modo, la aprobación de un Código Civil con la clasificación de las diferentes instituciones forales —mediante Apéndices—, que finalmente tampoco tuvo lugar, a excepción de Aragón. Como consecuencia, al final, el Código Civil acabaría conllevando una integración innovadora del Derecho castellano, sin "afectar" a la vigencia del resto de Derechos civiles, que no llegaron a ser codificados. En este contexto de tensión se moverían las últimas décadas del S. XIX y las primeras del S. XX.

El proceso de creación normativa en materia civil sufriría un cambio de paradigma esencial con la Constitución republicana de 1931, al posibilitar nuevas instancias de producción normativa distintas de las del Estado Central. En efecto, hasta el comienzo del régimen franquista, se atribuyó capacidad normativa a las regiones autóno-

---

5 Se partirá a continuación de los antecedentes históricos que destaca A. Font i Segura, *Actualización y desarrollo del sistema de Derecho interregional*, Universidade de Santiago de Compostela, Santiago de Compostela, 2007, pp. 26–43.

mas en materia de Derecho civil, siempre que así lo asumieran, y sin perjuicio de la competencia exclusiva legislativa del Estado español en determinadas materias (art. 11 en relación con el art. 15 de la Constitución republicana de 1931). El periodo republicano constituye, en este sentido, un importante paréntesis en la historia de España respecto del proceso de centralización normativa, al menos, hasta la entrada en vigor de la actual Constitución Española.

El régimen franquista conllevó la abolición de las leyes autonómicas y planteó nuevamente la idea de la unificación normativa bajo los auspicios del Estado Central. Bajo esta premisa, en 1946, se celebró el Congreso Nacional de Derecho Civil, en el que se asentaron las bases para la adopción de un Código General de Derecho civil y se ordenó, como paso intermedio, la constitución de Comisiones de juristas de reconocido prestigio y autoridad para acometer la antaño tan deseada tarea de compilar los Derechos civiles no contenidos en el Código Civil. Como consecuencia, entre 1959 y 1973 los Derechos civiles de Vizcaya y Álava, Cataluña, Baleares, Galicia, Aragón y Navarra, por este orden, fueron compilados por el legislador estatal.

Es importante poner de relieve que los distintos Derechos civiles, en aquel momento, y a excepción del Derecho navarro, se limitaban básicamente a la regulación de las sucesiones y los efectos patrimoniales del matrimonio, con apenas algunas disposiciones en torno a otras materias civiles[6]. No se cuestionaba, por tanto, la supletoriedad del Derecho civil común, habida cuenta del carácter incompleto que tenían tales Derechos civiles. En este último sentido se expresó la redacción introducida por la reforma del Título Preliminar del Cc de 1974 —un año después de la aprobación de la última Compilación— del art. 13.2 Cc. Esta disposición, sin embargo, introduciría un matiz muy importante junto con el papel supletorio que se reservaba al Derecho civil común: la exigencia del *"pleno respeto"* de tales Derechos civiles forales o especiales, pareciendo así eliminarse ese cariz de provisionalidad que había rodeado a su recopilación. Ya se intuía, en cierto modo, que la razón de ser original de las Compilaciones iba a verse superada.

El régimen democrático y la entrada en vigor de la Constitución Española de 1978 constituyeron un verdadero hito al instaurar el reparto territorial de competencias entre las Comunidades Autónomas y el Estado. En efecto, la Constitución

---

6 R. Arenas García, "Condicionantes y principios del Derecho interterritorial español actual: desarrollo normativo, fraccionamiento de la jurisdicción y perspectiva europea", *Anuario español de Derecho internacional privado*, t. X, 2010, p. 550.

Española confirió capacidad legislativa a las Comunidades Autónomas en determinadas materias, reservando en otras la competencia exclusiva al Estado. A este último grupo pertenece, con carácter general, la legislación civil (art. 149.1.8.ª CE). No obstante, se atribuyó competencia a las Comunidades Autónomas en las que existiera Derecho civil foral o especial para proceder a su *"conservación, modificación y desarrollo"*, a excepción de las materias reservadas en todo caso al Estado. En tal situación se encontraban, sin duda alguna, las Comunidades Autónomas de Aragón, Baleares, Cataluña, Galicia, Navarra y País Vasco, que eran las que contaban con su respectiva Compilación preconstitucional[7].

A partir de ahí, se sucederían una serie de movimientos jurídicos de "ajuste" del sistema competencial en materia civil. Por un lado, los Estatutos de Autonomía de las Comunidades Autónomas con Derecho civil propio incluyeron la labor de *"conservación, modificación y desarro-*

---

7 Lo cual no significa, como se verá, que no haya otras que también hayan intentado encontrar algún tipo de justificación para legislar en materias que no pueden ser más que consideradas como civiles. Sin embargo, en aras de la comprensión inicial del modelo por el que opta la Constitución Española, es necesario partir de los territorios que en aquel momento contaban con su respectiva Compilación como Derecho civil propio.

llo" de este entre las competencias propias[8]. Por otro lado, los diferentes Derechos civiles españoles —distintos del común, claro está—, compilados durante el régimen franquista a través de leyes estatales de carácter especial, "pasaron a ser" Derecho civil autonómico debido a la mencionada atribución de competencias a sus respectivas Comunidades Autónomas[9]. Con el tiempo, dichas Compilaciones preconstitucionales se irían completando, desarrollando y/o actualizando de manera muy diversa, dando lugar a los textos vi-

---

8 La "transcripción" del art. 149.1.8.ª CE a los Estatutos de Autonomía, no obstante, no siempre se ha realizado de manera pacífica. Se trata, por ejemplo, del caso de Cataluña. Así pues, mientras que el precepto constitucional se refiere a la competencia autonómica para la "*conservación, modificación y desarrollo*" del Derecho civil foral o especial, el art. 129 del Estatuto de Autonomía de Cataluña establece, de manera genérica, la competencia de la Generalitat en "*materia de derecho civil*", expresión esta última que resulta menos restrictiva. El TC (STC 31/2010, de 28 de junio, sobre la reforma del Estatuto de Autonomía de Cataluña. BOE núm. 172, de 16 de julio de 2010 (ECLI:ES:TC:2010:31), FJ 76), no obstante, ya ha dejado claro que una redacción de tal índole no resulta inconstitucional, pues al fin y al cabo los Estatutos de Autonomía deben ser interpretados de conformidad con la Constitución Española.

9 R. Arenas García, "Pluralidad de derechos y unidad de jurisdicción en el ordenamiento jurídico español", en A. Font i Segura (ed.), *La aplicación del Derecho civil catalán en el marco plurilegislativo español y europeo*, Atelier, Barcelona, 2011, p. 54.

gentes en la actualidad, nominativamente incluidos en sendas Compilaciones, Leyes o Códigos de Derecho civil[10].

2. LAS MATERIAS REGULADAS POR LOS LEGISLADORES AUTONÓMICOS DE DERECHO CIVIL FORAL O ESPECIAL

El alcance de las competencias autonómicas en materia de Derecho civil constituye, probablemente, la cuestión más espinosa del modelo por el que opta el art. 149.1.8.ª CE. En efecto, dejando de lado los aspectos civiles respecto de las cuales el Estado ostenta competencia exclusiva, el mencionado precepto no aporta una regla clara en relación con las materias o instituciones jurídicas a las que puede afectar la competencia que, sobre su Derecho civil foral o especial, tengan los legisladores autonómicos de tales territorios. Ante tal indefinición, ha sido el Tribunal

---

10 Sin perjuicio de que varios aspectos civiles no se hayan integrado en la propia Compilación, Ley o Código de Derecho civil, sino que se encuentran regulados, de manera separada, en leyes específicas. En definitiva, no todo el Derecho civil autonómico se encuentra en estos cuerpos normativos en la actualidad (A. López Arcona, "La diversidad política legislativa seguida por las Comunidades Autónomas con Derecho civil propio al amparo del art. 149.1.8.ª CE", *Revista Boliviana de Derecho*, núm. 25, 2018, pp. 28–55).

Constitucional quien ha ido interpretando el precepto a través de un conjunto de decisiones con distinto significado y alcance.

La STC 88/1993[11] se trata, sin lugar a duda, del punto de partida respecto de la interpretación de los conceptos de *"conservación, modificación y desarrollo"*, que son los que marcan el límite de las competencias atribuibles a los legisladores autonómicos en relación con su Derecho civil foral o especial y actúan de parámetro respecto de la constitucionalidad o inconstitucionalidad de las normas por ellos dictadas. En esta sentencia, el Tribunal Constitucional, al analizar el concepto de *"desarrollo"* —el más polémico de los tres, por su connotación creadora—, indicó que las Comunidades Autónomas podían legislar sobre *"ámbitos hasta entonces no normados"*, asegurándose así su *"crecimiento orgánico"* y la *"vitalidad hacia el futuro"*, siempre y cuando la norma de nueva creación regulara *"instituciones conexas"* con las ya reguladas en las correspondientes Compilaciones preconstitucionales[12]. En

---

11 STC 88/1993, de 12 de marzo, sobre la ley aragonesa de equiparación de hijos adoptivos. BOE núm. 90, de 15 de abril de 1993 (ECLI:ES:TC:1993:88) (*Tol 82.111*), FJ 3.

12 En parecidos términos se expresa la STC 156/1993 de 6 de mayo, sobre dos artículos de la Compilación de Derecho civil balear. BOE núm. 127, de 28 de agosto de 1993 (ECLI:ES:TC:1993:156) (*Tol 82.179*), FJ 1.

definitiva, el "*desarrollo*" de los Derechos civiles forales o especiales contaba con un límite, como era el de conexión con materias o submaterias preexistentes[13].

En la pasada década, el Tribunal Constitucional ha continuado incidiendo particularmente en el tema de la conexión, aunque con distintos matices —algunos contradictorios—. Destaca, muy particularmente, la STC 95/2017[14], de la que puede inferirse una clara relajación de la intensidad de la conexión requerida[15], ya que se optó

---

13 La sentencia contiene, no obstante, dos votos particulares (uno de don Carles Viver Pi-Sunyer y otro de don Julio González Campos) que, con argumentaciones diversas, parecen optar por una postura más aperturista —en definitiva, no limitar la materia sobre la que se asienta el ejercicio de la competencia autonómica a ese Derecho preexistente, sin perjuicio de respetar, en todo caso, las materias de competencia exclusiva del Estado—, que curiosamente se alinean más con los planteamientos que décadas después parecen estar imponiéndose.

14 STC 95/2017, de 6 de julio, sobre diversos preceptos de la ley catalana de incorporación de la propiedad temporal y compartida al Libro Quinto del Cc catalán. BOE núm. 191, de 11 de agosto de 2017 (ECLI:ES:TC:2017:95) (*Tol 6.319.465*), FJ 4. La sentencia no contó con votos particulares.

15 Las SSTC 88/1993 y 156/1993 cuando aluden a los "*principios informadores peculiares del Derecho foral*" también permitirían sostener esta interpretación más generosa de la conexión, aunque verdaderamente ha

por la exigencia a las normas de nueva creación una conexión de tipo orgánico, es decir, vinculada con el conjunto del ordenamiento jurídico preexistente al tiempo de la entrada en vigor de la Constitución Española, no siendo necesaria una vinculación con instituciones concretas ya reguladas en tal momento. Nótese que la sentencia en cuestión, pese a no ser particularmente restrictiva respecto a la referencia material de la conexión —será suficiente en relación con "*(...) otra institución que sí formase parte del mismo o en relación a los principios jurídicos que lo informan*" —, continuó siéndolo respecto de las coordenadas temporales de esta: debe tratarse de instituciones o principios vigentes al tiempo de promulgarse la Constitución Española. Sea como fuere, el año 2017 terminaría con el Tribunal Constitucional "recuperando" una interpretación más restrictiva del juicio de la conexión, esto es, exigiendo que se acreditara la existencia de instituciones concretas que pudieran entenderse conexas con las sometidas a control (STC 133/2017)[16] y a la

---

sido la STC 95/2017 la que se ha manifestado más claramente en tal sentido.

16 STC 133/2017, de 16 de noviembre, sobre los preceptos de adopción y autotutela de la Ley de Derecho Civil de Galicia. BOE núm. 308, de 20 de diciembre de 2017 (ECLI:ES:TC:2017:133) (*Tol 6.988.438*), FJ 6. La sentencia contó con dos votos particulares, destacando particularmente el primero de ellos, de don Juan Antonio

vez haciendo gala de un injustificado tratamiento desigual en esta materia según se enjuicie a una Comunidad Autónoma u otra[17].

Un par de años más tarde llegaría la controvertida, por muchos motivos, STC 132/2019[18], que supondría un paso más en la interpretación del criterio de la conexión en comparación con

---

Xiol Ríos, defensor de la *"sistematización y conexión interna y de la completitud propias de un ordenamiento"* de Derecho civil foral o especial. En una línea incluso más tajante ya emitió dicho magistrado votos particulares en las SSTC sobre la Comunidad Valenciana en 2016. Así, por ejemplo, en la STC 82/2016, indicó que *"no comparto el criterio según la cual el criterio de conexión opera como límite para el desarrollo y modificación de los derechos forales o especiales".*

17 M.A. Egusquiza Balmaseda, "Conexión institucional necesaria: desarrollo de los derechos civiles propios en la última jurisprudencia del Tribunal Constitucional", *Derecho privado y Constitución*, núm. 33, 2018, p. 55.

18 STC 132/2019, de 13 noviembre, sobre el Libro Sexto del Cc catalán, en materia de obligaciones y contratos. BOE núm. 304, de 19 de diciembre de 2019 (ECLI:ES:2019:133) (*Tol 7.606.723*), FJ 3. Fue ponente de la sentencia el ya mencionando don Juan Antonio Xiol Ríos y su postura más aperturista, como evidenciaron sus votos particulares en otras sentencias anteriores, claramente impregna el contenido de esta, aunque sin alejarse del criterio de la conexión (orgánica, eso sí). La sentencia contó con cuatro votos particulares, de don Ricardo Enríquez Sancho, don Alfredo Montoya Melgar, don Antonio Narváez Rodríguez y don Andrés Ollero Tassara, lo cual pone de manifiesto la disonancia en torno a la materia.

su antecesora directa más relevante —la ya mencionada STC 95/2017—. Así pues, el Tribunal Constitucional reafirmó que para reconocer la competencia legislativa en materia civil no era necesaria una relación *"(...) con instituciones concretas ya reguladas, sino que es suficiente con que tal unión o trabazón exista con el conjunto de las instituciones preexistentes, con su sistema normativo y con los principios que lo informan (...)"* a lo que añadió, de manera particularmente expresa, la posibilidad de conexión postconstitucional[19], en lo que supone la interpretación más amplia posible de la noción de "*desarrollo*" hasta el momento [20].

---

19 Aunque, de manera muy discreta, la toma en consideración de instituciones o materias no restringidas exclusivamente al momento de entrada en vigor de la Constitución española ya fue mencionada y/o analizada en algunas de las sentencias citadas (por ejemplo, STC 88/1993 o 133/2017). Nótese, no obstante, que el apoyo en normativa postconstitucional puede conllevar que la conexión se base en normas que posteriormente se declaren inconstitucionales (C.I. Asúa González, "Reparto competencia en materia civil: conexión y bases de las obligaciones contractuales en la reciente jurisprudencia constitucional", *Cuadernos de Derecho privado,* núm. 3, 2022, pp. 18, 26 y 29).

20 Así lo entiende M.P. García Rubio, "Incertidumbre y alguna cosa más en la interpretación constitucional del poder normativo sobre la materia civil", *Revista de Derecho civil,* vol. VI, núm. 4, 2019, p. 20.

La última ocasión en la que el criterio de la conexión ha sido tomado en consideración por parte del Tribunal Constitucional ha venido de la mano de la STC 157/2021[21], que ha guarda una línea continuista respecto de la generosa postura de dicho criterio, al menos, desde el punto de vista material.

Todo el relato anterior pone de manifiesto como, de alguna manera, las Comunidades Autónomas con Derecho civil propio se van desvinculando y alejando del contenido original de sus Compilaciones preconstitucionales, que dejan de ser una "ancla" inamovible, para ser tenidas en cuenta de manera flexible y global[22]. En cierto modo, el criterio de la conexión se ha vuelto, con carácter general, tan permeable en la jurispru-

---

21 STC 157/2021, de 16 de septiembre, sobre determinados preceptos del Fuero Nuevo de Navarra. BOE núm. 251, de 20 de octubre de 2021 (ECLI:ES:TC:2021:157) (*Tol 8.604.518*), FJ 4. Esta sentencia contiene, de hecho, los mismos votos particulares —de los mismos magistrados—, que la catalana (STC 132/2019).

22 Como indica I. Durbán Martín, *La España asimétrica: Estado autonómico y pluralidad de legislaciones civiles*, Tirant Lo Blanch, Valencia, 2019, pp. 427–428, una vez permitida la expansión de los Derechos civiles forales o especiales, el binomio historia vs. desarrollo, esto es, mantenimiento de los elementos que tradicionalmente los han definido vs. plantear su innovación o crecimiento, resulta claramente insostenible y conllevará terminar cediendo a favor del segundo.

dencia del Tribunal Constitucional —a cambio de sacrificar, sobre todo, la seguridad jurídica—, tanto en términos materiales como temporales, que de ello cabe inferir una cierta tendencia a que los Derechos civiles o forales se conviertan, gradualmente, en sistemas completos y complejos, con el único límite paras tales Comunidades Autónomas de no asumir competencias en las materias reservadas en exclusiva al Estado[23]. Esto explica, al menos parcialmente, que los legisladores autonómicos de los territorios con Derecho civil propio vengan y/o vayan a ir ocupándose de materias o instituciones jurídicas cada vez más diversas[24], es decir, la pluralidad normativa que tradicionalmente se había conjugado en materia de Derecho de sucesiones y de efectos patrimoniales del matrimonio está trascendiendo hacia

---

23 Aunque, evidentemente, ello no impide que en la práctica se den casos en los que las Comunidades Autónomas persiguen asumir competencias que, aparentemente, son consideradas como exclusivas del Estado. Así ha ocurrido, por ejemplo, en materia de obligaciones contractuales, respecto de las cuales el legislador catalán ha incluido un libro en su Código Civil al filo de la competencia exclusiva estatal referente a las *"bases de las obligaciones contractuales"* prevista en el art. 149.1.8.ª CE, sobre la que se ha pronunciado la mencionada STC 132/2019 aceptando su constitucionalidad.

24 R. Arenas García, "Condicionantes y principios…", *op. cit.*, p. 550.

una expansión del Derecho civil foral o especial referida a otros ámbitos civiles como, por ejemplo, el Derecho patrimonial.

3. LA LEGITIMACIÓN DE UNA COMUNIDAD AUTÓNOMA PARA LEGISLAR EN MATERIA CIVIL

El modelo de distribución competencial por el que opta el art. 149.1.8.ª CE no permite, *a priori*, que cualquier Comunidad Autónoma legisle en materia civil. La competencia autonómica en esta materia depende, *prima facie*, de la interpretación de la expresión *"allí donde existan"* —referida, claro está, a los Derechos civiles, forales o especiales—, que actúa como criterio de determinación de los territorios que pueden ejercerla. Nuevamente, por la ambigüedad con la que también se expresa la Constitución Española en este aspecto —que no "señala" las Comunidades Autónomas que cumplirían con tal criterio—, ha resultado necesaria la interpretación del Tribunal Constitucional.

La STC 121/1992[25] sentó, por aquel entonces, las bases sobre tal cuestión, aunque con

25 STC 121/1992, de 28 de septiembre, sobre arrendamientos históricos valencianos. BOE núm. 260, de 29 de octubre de 1992 (ECLI:ES:TC:1992:121) (*Tol*

polémica. El Tribunal Constitucional indicó que la mencionada expresión alcanzaba *"(...) no sólo a aquellos Derechos civiles especiales que habían sido objeto de compilación al tiempo de la entrada en vigor de la Constitución, sino también a normas civiles de ámbito regional o local y de formación consuetudinaria preexistentes a la Constitución (...)"*. De lo anterior podía inferirse que, si bien resultaba evidente que los legisladores de las Comunidades Autónomas dotadas de Compilaciones en 1978 podían ejercer, siempre de conformidad con los límites constitucionalmente marcados, su competencia en materia de Derecho civil, también aquellos pertenecientes a Comunidades Autónomas que no contasen con Compilación, pero en las que existiera una determinada costumbre —y así lo hubieran previsto en su Estatuto de Autonomía—, podrían explorar dicha posibilidad[26]. Se trataba, en efecto, de

80.731), FJ 1. El TC reiteraría esta postura a los pocos meses (STC 182/1992, de 16 de noviembre sobre arrendamientos rústicos gallegos. BOE núm. 303, de 18 de diciembre de 1992 (ECLI:ES:TC:1992:182) (*Tol 81.962*). Esta segunda sentencia, no obstante, se refiere a una Comunidad Autónoma —Galicia— que sí contaba con Compilación —que no incluía, claro está, la institución objeto de disputa—, algo que no ocurría en la primera de ellas, referida a la Comunidad Valenciana.

26 Los Estatutos de Autonomía de Asturias, Castilla y León, Extremadura o Murcia, por ejemplo, prevén entre las competencias autonómicas la conservación y protec-

plantear una interpretación más aperturista en relación con las Comunidades Autónomas con competencias en materia de Derecho civil.

Aprovechando dicha circunstancia, el legislador valenciano, que era uno de los que no contaba con Compilación a fecha de 1978, aunque sí históricamente con un Derecho civil propio, elaboró varias leyes en materia de Derecho de familia. Todas ellas fueron declaradas inconstitucionales por el Tribunal Constitucional —SSTC 82/2016[27], 110/2016[28] y 192/2016[29]— porque adolecían de un requisito claro: era necesario que la costumbre, en cualquier caso, se aplicara/se encontrara vigente en el momento de entrada en vigor de la Constitución Española para que fuera posible el ejercicio de la competencia autonómica, algo que no ocurría con las materias de

---

ción del Derecho consuetudinario de sus territorios. Posibilidad que explora R. Arenas García, "Condicionantes y principios...", *op. cit.*, p. 558–562.

27 STC 82/2016 de 28 de abril, sobre régimen económico matrimonial valenciano. BOE núm. 131, de 31 de mayo de 2016 (ECLI:ES:TC:2016:82) (*Tol 5.792.094*).

28 STC 110/2016, de 9 de junio, sobre uniones de hecho. BOE núm. 170, de 15 de julio de 2016 (ECLI:ES:TC:2016:110) (*Tol 5.753.921*).

29 STC 192/2016, de 16 de noviembre, sobre relaciones familiares de los hijos e hijas cuyos progenitores no conviven. BOE núm. 311, de 26 de diciembre de 2016 (ECLI:ES:TC:2016:192) (*Tol 5.922.198*).

las normas impugnadas[30]. La sentencia, es cierto, supuso un severo correctivo para la Comunidad

---

30 Aunque ciertamente ya se infiere el requisito de la vigencia de la costumbre en las SSTC 121/1992 y 182/1992, las SSTC de 2016 sobre la Comunidad Valenciana son especialmente rotundas en este aspecto. Por contextualizar muy brevemente, cabe recordar que la Comunidad Valenciana contaba con Derecho civil propio en virtud de los Fueros que le concedió Jaume I, aunque estos fueron derogados por Felipe V por medio del Decreto de Nueva Planta de 1707. El Derecho civil valenciano, no obstante, no despareció del todo, sino que se conservó de manera consuetudinaria en algunas materias, particularmente sobre riegos y contratos agrarios. En cualquier caso, no fue recogido de manera escrita ni tampoco compilado. Ya en el seno del proceso de construcción del Estado de las Autonomías, el Estatuto de Autonomía de la Comunidad Valenciana de 1982 asumió la competencia autonómica para la conservación, modificación y desarrollo del Derecho civil valenciano, que fue posteriormente "reforzada" por la reforma del mismo en 2006, en lo que supuso una interpretación muy "generosa" —para sí mismo— del art. 149.1.8.ª CE. En este contexto, se promulgó la Ley 6/1986 de arrendamientos históricos valencianos, en torno a la que el Tribunal Constitucional, a través la mencionada STC 121/1992, dejó claro que la competencia que se atribuye al gobierno autonómico valenciano (solo) alcanza al derecho consuetudinario que, tras la abolición de los fueros, hubiera subsistido en dicha Comunidad Autónoma —como era el caso—. No obstante, años después, amparándose en la aparente mayor amplitud de la competencia para legislar en materia civil que concedía la reforma del Estatuto de Autonomía y con el pretexto de vincular el

Valenciana, pero, a su vez, parece no descartar rotundamente la interpretación generosa del *"allí donde existan"* del art. 149.1.8.ª CE, siempre que se cumpla la mencionada coordenada temporal.

La determinación de los territorios autonómicos de donde emanan leyes de carácter civil exige tener presente un último aspecto, relacionado de la compleja calificación de lo que se entiende por esta categoría —Derecho civil— y el propio reparto competencial por el que opta la Constitución Española —competencias exclusivas del Estado vs. competencias que pueden ejercer las

---

Derecho civil foral valenciano a sus antiguos Fueros, se elaboraron las mencionadas leyes en materia de régimen económico matrimonial, uniones de hecho y relaciones paternofiliales. Todas ellas fueron declaradas inconstitucionales por el Tribunal Constitucional a través de distintas sentencias bajo el argumento general de que la competencia civil valenciana debía limitarse al desarrollo de su Derecho consuetudinario vigente en 1978, que debía haber pervivido y aplicarse a dicha fecha, algo que no ocurría en estos casos. Por tanto, cuando el Estatuto de Autonomía valenciano permite la conservación, modificación y desarrollo del Derecho civil foral valenciano, ello debe interpretarse con la limitación mencionada. De lo contrario, sería una incoherencia declarar inconstitucionales las concretas leyes impugnadas y no hacer lo propio con las normas competenciales en cuya virtud se dictan (J.R. De Verda Beamonte, "¿Qué es lo que queda del Derecho civil valenciano en materia de familia?", *Derecho privado y Constitución*, núm. 31, 2017, p. 119).

Comunidades Autónomas—. Se resumen, en general, en plantearse la utilización de fuentes accesorias de legitimidad ajenas al propio art. 149.1.8.ª CE para que una Comunidad Autónoma pueda asumir competencias en determinados ámbitos, aparentemente civiles, y las consecuencias que de ello se derivan. Se trata, en efecto, de una situación que puede afectar tanto a las Comunidades Autónomas que de forma indiscutible tienen competencia en materia civil —Aragón, Baleares, Cataluña, Galicia, Navarra y País Vasco—, como aquellas que no —las restantes—[31].

Por un lado, una Comunidad Autónoma podría asumir que una determinada materia no es

---

31 Las Comunidades Autónomas a las que claramente se refiere el art. 149.1.8.ª CE encontrarían, en este sentido, alternativas "adicionales" para continuar legislando en materia civil, más allá de dicha disposición. Por otro lado, las Comunidades Autónomas correspondientes a los territorios que carecen de Derecho civil foral o especial, en sentido estricto, hallarían un título competencial diferente al art. 149.1.8.ª CE para legislar sobre aspectos que no pueden sino ser considerados como civiles. Así ha ocurrido en ambos casos. Plantea dicha posibilidad, S. Álvarez González, "Cuarenta años de pluralismo civil en España. Desarrollo y conflictos internos e internacionales", en J.L. de Castro Ruano *et al.* (codirs.) y M.ª D. Bollo Arocena (coord.), *Cursos de Derecho internacional y Relaciones internacionales de Vitoria Gasteiz 2019*, Tirant Lo Blanch, Valencia, 2021, pp. 6 y 7 (versión digital consultada a través de *academia.edu*).

civil —cuando en realidad no está del todo claro— y, como consecuencia de ello, considerarla como completamente ajena a la competencia exclusiva estatal que se deriva del art. 149.1.8.ª CE. Si, además, puede ubicarla/encontrarle acomodo en alguna de las de "su" competencia, entendiendo por tales las recogidas en el art. 148 CE, siempre y cuando así lo haya previsto en su correspondiente Estatuto de Autonomía —en torno a los que, bien es cierto, en ocasiones, además, emanan problemas de "transcripción" de concretas competencias—, ello justificaría el ejercicio de su potestad legislativa en torno a la misma. Así ha ocurrido, por ejemplo, en relación con las leyes autonómicas de mediación familiar o de protección de menores[32].

---

32 Los conflictos de competencia, en cualquier caso, son bidireccionales, es decir, también puede ser el propio Estado quien intente asumir, como propias, determinadas competencias que no le corresponden. De especial relevancia, en este sentido, la STC 36/2021, de 18 de febrero, en relación con la Ley de Adopción Internacional y el Reglamento que la desarrolla. BOE núm. 69, de 22 de marzo de 2021 (ECLI:ES:TC:2021:36) (*Tol 8.346.787*). El Gobierno de Cataluña consideró que algunos preceptos de tal normativa invadían la competencia que las Comunidades Autónomas tienen atribuidas en materia de asistencia social (art. 148.1.20.ª CE), lo cual fue estimado parcialmente por el Tribunal Constitucional. Fruto de ello y para, aparentemente, ahora sí, ajustarse al marco constitucional, se ha aprobado

Por otro lado, existen materias que cuentan con una compleja correspondencia directa con el listado de competencias exclusivas del Estado del art. 149.1 CE —las civiles, pero también las mercantiles o procesales, colindantes con las primeras—, pudiendo entenderse entonces como no atribuidas expresamente a este, circunstancia que podría justificar la competencia de los legisladores autonómicos en virtud de la cláusula residual del art. 149.3 CE, al compás de lo previsto en su correspondiente Estatuto de Autonomía. El ejemplo más evidente lo constituyen las leyes autonómicas de cooperativas o de defensa de consumidores y usuarios[33].

En definitiva, existe un Derecho autonómico marcadamente civil —tanto de territorios con Derecho civil foral o especial, como no— creado

---

un nuevo Reglamento de Adopción Internacional (Real Decreto 573/2023, de 4 de julio, por el que se aprueba el Reglamento de Adopción internacional. BOE núm. 159, de 5 de julio de 2023) (*Tol 9.629.658*).

33 S. Álvarez González, "Cuarenta años...", *op. cit.*, p. 7, quien recuerda que la STC 72/1983 (STC 72/1983, de 29 de julio, sobre determinados preceptos de la ley vasca de cooperativas. BOE núm. 197, de 18 de agosto de 1983 (ECLI:ES:TC:1983:72) (*Tol 79.237*) estableció que *"(...) la Constitución no reserva de modo directo y expreso competencia alguna en materia de cooperativas y, en consecuencia, de acuerdo con el art. 149.3 de la propia norma, la Comunidad tiene las competencias que haya asumido en su Estatuto (...)"*.

al margen del art. 149.1.8.ª CE, que pone de manifiesto que la plurilegislación civil española es un fenómeno lleno de aristas y que prácticamente no se puede acotar.

4. CONSECUENCIAS (PARCIALES) DEL MODELO DE REPARTO COMPETENCIAL EN MATERIA CIVIL

El art. 149.1.8.ª CE, la norma básica sobre la competencia legislativa en materia de Derecho civil en el ordenamiento jurídico español, constituye un precepto muy cuestionable que, no solo por la imprecisión de su tenor literal, sino también por la variedad de interpretaciones constitucionales que se han formulado en torno a la misma, ha convertido al sistema de Derecho civil español en uno de los más opacos, prolijos e intrincados del panorama comparado[34]. Así pues, el régimen constitucional de distribución de competencias en materia civil es tan abierto y flexible que provoca una gran dosis de incertidumbre legal que no solo impacta en el ejercicio de las competencias, en términos sustantivos, que los distintos legisladores autonómicos pueden desplegar, sino que también afecta al De-

34 M.P. García Rubio, "Presente y futuro del Derecho civil español en clave de competencias normativas", *Revista de Derecho civil*, vol. IV, núm. 3, 2017, p. 2.

recho interregional, encargado de orquestar las relaciones de los derechos emanados de estos. Al mismo tiempo, por la vocación de aplicación a supuestos internacionales que tienen los distintos Derechos civiles españoles, esta circunstancia también supone una dificultad adicional para el operador jurídico encargado de determinar el concreto Derecho español aplicable en este tipo de casos —que puede ser uno español o uno extranjero—. La mayor sofisticación de la plurilegislación, en definitiva, guarda una relación directa con la aparición de nuevos y más complejos conflictos de leyes[35].

---

35 S. Álvarez González, "Derecho interregional y Constitución", *Revista jurídica de les Illes Balears*, núm. 22, 2023 (versión digital sin paginar).

II. LA COMPETENCIA PARA LA ELABORACIÓN DE NORMAS PARA RESOLVER LOS CONFLICTOS DE LEYES EN LA CONSTITUCIÓN ESPAÑOLA

De acuerdo con lo establecido en el art. 149.1.8.ª CE, corresponde al Estado la competencia exclusiva para dictar *"normas para resolver los conflictos de leyes"*. A diferencia de lo expuesto respecto de la plurilegislación civil española, en la que la competencia exclusiva estatal se encuentra matizada en relación con la conservación, modificación y desarrollo de la legislación civil de las Comunidades Autónomas con Derecho civil foral o especial, aquí la atribución al Estado es completa y pura. *"En todo caso"*, como reza el propio precepto constitucional.

Lo anterior significa, en esencia, que compete al legislador estatal —sólo a él— el establecimiento de los criterios para determinar cuál de los Derechos civiles coexistentes en España se aplica ante un supuesto jurídicamente heterogéneo. Visto así, pareciere que no debiera existir disputa competencial alguna, aunque ciertamente es todo lo contrario. La terminología empleada por el mencionado artículo resulta ciertamente indeterminada y pone de manifiesto la necesidad de aclarar, por un lado, el alcance de la competencia exclusiva estatal y, por otro, debido a una posible colisión con otros conceptos afines, determinar la posible (in)constitucionalidad de algunos preceptos no elaborados por el legislador estatal que delimitan el ámbito de aplicación personal y/o la eficacia territorial de un determinado Derecho civil. Nuevamente se partirá de la doctrina del Tribunal Constitucional para establecer las pautas o aspectos que deben gobernar las normas para resolver los conflictos de leyes.

1. ALCANCE DE LA COMPETENCIA EXCLUSIVA ESTATAL

La competencia exclusiva del Estado en materia de conflictos de leyes alcanza, en primer lugar, tanto a los supuestos internacionales como a los interregionales. Este importante matiz, aunque en realidad no constituyó ninguna sorpresa, fue incluido por primera vez en un voto particular de la ya mencionada STC 72/1983[36]. De hecho, de él se harían eco, ya en el cuerpo principal de la sentencia, varios fallos venideros del Tribunal Constitucional de manera indisputable. Por tanto,

36 El mencionado voto particular corrió a cargo de don Luis Díez-Picazo y Ponce de León y don Francisco Rubio Llorente. *Vid.* particularmente el punto 1, párr. 2.

los legisladores autonómicos no son competentes para regular problemas que presenten un elemento de internacionalidad o de interregionalidad[37].

Más dudas plantea, por no haberse pronunciado el Tribunal Constitucional y no existir unanimidad en la doctrina, la competencia para resolver conflictos de leyes interlocales, esto es, aquellos que puedan tener lugar dentro del territorio de una misma Comunidad Autónoma como, por ejemplo, los que puedan surgir en el País Vasco o Baleares[38]. Esta cuestión excede del

---

37 Cuestión distinta es que, como consecuencia de la europeización del Derecho internacional privado, las normas estatales que regulan supuestos internacionales se hayan visto desplazadas por las europeas dentro de sus respectivos ámbitos de aplicación, así como que, debido a la expansión de la competencia externa de la Unión europea en lo relativo a la cooperación judicial civil, esto es, para la celebración de convenios internacionales, se haya repercutido sobre la frecuencia de aplicación de las reglas de conflicto contenidas en el Capítulo IV del Título Preliminar del Código Civil (P. De Miguel Asensio, "Incidencia de la europeización del Derecho internacional privado", *Cuadernos de Derecho transnacional,* vol. 17, núm. 1, 2025, pp. 910 y 926).

38 *Vid.* particularmente, en relación con la Ley 5/2015 de Derecho civil vasco, J.J. Álvarez Rubio, "Una renovada dimensión de los conflictos internos: la Ley 5/2015 de Derecho civil vasco y la interacción entre bloques normativos", *Revista española de Derecho internacional,* vol. 68, núm. 2, 2016, p. 47, quien considera que "los conflictos normativos que deriven de la concurrencia

objeto de este trabajo, pero es importante apuntar, al menos, su interrogante al definir el alcance de la competencia exclusiva estatal.

Más allá de esta doble vertiente, la doctrina del Tribunal Constitucional ha ido poniendo de relieve otras características o peculiaridades que deben impregnar el ejercicio competencia exclusiva estatal —por más que exclusiva y estatal ya lo son en sí mismas—. Interesa ahora apuntarlas, porque ciertamente su verdadero significado sale a relucir cuando alguien —en este caso, los legisladores autonómicos— se extralimita competencialmente y atenta contra ellas. Los dos próximos apartados van en esa línea.

Por el momento, sintetizando la interpretación del Tribunal Constitucional respecto del mandato constitucional previsto en el art. 149.1.8.ª CE en torno a esta cuestión, basta ahora con anticipar que el sistema de normas sobre conflictos de leyes en España es uniforme; que debe asegurarse un igual ámbito de aplicación de todos los Derechos civiles coexistentes, para lo cual las conexiones

---

de distintas peculiaridades normativas civiles dentro del País Vasco pueden y deben recibir respuestas normativas elaboradas por el respectivo legislador vasco". Sus argumentos giran en torno, esencialmente, a la protección de las instituciones forales vascas y a las peculiaridades históricas de los territorios que integran el País Vasco.

que resuelven tales conflictos deben ser abstractas y neutras, esto es, han de evitar que un derecho "prevalezca" sobre el otro; que este último principio —el de la paridad de ordenamientos civiles españoles— solo puede "ceder" en aras de la certeza y seguridad jurídica —excepción más que discutible en cualquier caso—; y que, en cierto modo, lo relevante no es tanto la terminología o clasificación "rígida" de las normas autonómicas "invasoras" —muy a grandes rasgos reducir el debate a si son o no normas de conflicto—, sino si su contenido y el resultado al que conducen vulneran la competencia exclusiva estatal.

2. LA DELIMITACIÓN DEL ÁMBITO DE APLICACIÓN PERSONAL DE LOS DERECHOS CIVILES COEXISTENTES

Decidir qué ley se aplica a un supuesto interregional o internacional y/o, en particular, decidir a qué personas se les aplica el propio Derecho civil en supuestos de tal índole, son cuestiones que no se encuentran al alcance de los legisladores autonómicos. Es la consecuencia de haber optado por un sistema de normas de conflictos de leyes exclusivo, estatal y uniforme.

Derivado de lo anterior, las disposiciones previstas en Compilaciones, Leyes o Códigos de Derecho civil foral o especial —bien se trate de disposiciones de carácter general[39], bien se encuentren referidas a figuras jurídicas espe-

---

39 Por ejemplo, el art. 10.1 Ley de Derecho civil vasco, Ley 11 del Fuero Nuevo de Navarra o art. 4 Ley de Derecho civil gallego, que vienen a indicar que el criterio de sujeción a "su" Derecho civil se determinará por ostentar un sujeto "su" vecindad civil. La delimitación del ámbito de aplicación personal referida a un concreto Derecho civil también se realiza, de un modo u otro, en algunos Estatutos de Autonomía. Se trata del caso, por ejemplo, del art. 9.2 del Estatuto de Autonomía de Aragón. Este tipo de preceptos añaden un elemento adicional de complejidad, ya que los Estatutos de Autonomía son leyes orgánicas estatales por lo que, referirse a una posible inconstitucionalidad derivada de una vulneración de la competencia exclusiva estatal respecto de las "*normas para resolver los conflictos de leyes*", cuando es el propio Estado quien los ha adoptado, puede resultar improcedente. No obstante, varios comentarios pueden realizarse. Por un lado, recordar que no está suficientemente interiorizada la idea de que, potencialmente, los preceptos de los Estatutos de Autonomía pueden ser inconstitucionales (S. Álvarez González, "Cuarenta años...", *op. cit.*, p. 5 (versión digital consultada a través de *academia.edu*) y, por otro, que la justificación de su posible inconstitucionalidad en torno a esta cuestión debería venir referida a la vulneración de los principios que el ejercicio de tal competencia conlleva, muy particularmente la ruptura de la uniformidad del sistema de Derecho interregional y del igual ámbito de aplicación de todos los ordenamientos civiles españoles (S. Álvarez González, "Determinación del ámbito personal y territorial del Derecho civil catalán", en A. Font i Segura (ed.), *La aplicación..., op. cit.*, p. 91) tal y como ha establecido el Tribunal Constitucional, en

cíficas[40]—, por un lado, y/o en leyes autonómicas que regulan aspectos civiles concretos[41], por

---

línea con lo que se verá en el presente epígrafe. En este sentido, A. Font i Segura, *Actualización y desarrollo...*, *op. cit.*, p. 95 aboga por la inconstitucionalidad del art. 9.2 del Estatuto de Autonomía de Aragón. También se refiere a la "necesaria eliminación de las injerencias de los Estatutos de Autonomía en el régimen general", L. Garau Juaneda, "La necesaria depuración del Derecho interregional español", en A. Font i Segura (ed.), *La aplicación..., op. cit.*, p. 98. Otra parte de la doctrina (A.-L. Calvo Caravaca y J. Carrascosa González, *Tratado de Derecho internacional privado*, Tomo I, 2.ª ed., Tirant Lo Blanch, Valencia, 2022, *op. cit*, p. 281), sin embargo, opina que, como leyes orgánicas estatales que son, los Estatutos de Autonomía pueden contener normas de Derecho internacional privado y de Derecho interregional, de lo que se derivaría que en torno a ellos no cabría una interpretación *contra Constitutionem*.

40 Refiriéndose a determinadas figuras jurídicas (sobre todo, sucesorias): art. 24.3 Ley de Derecho civil vasco (sobre testamento mancomunado), Ley 199 del Fuero Nuevo de Navarra (sobre testamento de hermandad), art. 188 Ley de Derecho civil gallego (sobre testamento mancomunado) o art. 417 del Código Foral de Aragón (sobre testamento mancomunado) que, a grandes rasgos, "exigen" al sujeto ostentar la vecindad civil X para poder acogerse a la figura jurídica en cuestión.

41 Comúnmente en la regulación de las uniones no matrimoniales. Por ejemplo, art. 2 de la Ley de parejas de hecho del País Vasco (en su redacción dada por la Ley de Derecho civil vasco) o art. 5.g) del Decreto del Registro de parejas de hecho de Galicia. Se trata, en general, de preceptos que exigen la vecindad civil X para acceder al registro de la Comunidad Autónoma X.

otro, que realizan tal delimitación personal, no pueden entenderse en clave constitucional, a menos que el supuesto en cuestión se encuentre vinculado exclusivamente con la propia Comunidad Autónoma —que sea un caso puramente homogéneo[42]—. Se trata de preceptos que coinciden en señalar que la sujeción al Derecho civil autonómico, a una figura específica prevista en tal normativa o a una concreta ley civil autonómica, vendrá dada, por ejemplo, por la vecindad civil de un determinado sujeto —aunque lo mismo valdría para la residencia habitual, claro está—; si esta, en efecto, actúa como criterio de conexión personal para la determinación de la ley aplicable[43], parece evidente que se viene a

---

42 En efecto, en situaciones en las que no hay heterogeneidad normativa, ni interna, ni internacional, la aplicación de las disposiciones autonómicas que determinan la sujeción al Derecho civil común o foral o especial en virtud de la vecindad civil no deberían plantear problema alguno (P. Diago Diago, "Funciones de la vecindad civil en la solución de los conflictos de leyes y distorsiones del sistema de Derecho interregional", *Revista española de Derecho internacional*, vol. 76, núm. 1, 2024, pp. 262–263).

43 Se advierte al lector de que no se va a partir en este trabajo de la visión de vínculo subjetivo y/o de pertenencia a una Comunidad o a una concreta región que puede derivarse de la vecindad civil, funcionalidad esta que para algunos subyace en los preceptos cuya constitucionalidad se está ahora poniendo en duda (M.A. Egusquiza Balmaseda, "Cambio de vecindad civil en el

incidir sobre una materia reservada en exclusiva al Estado[44].

Sobre este aspecto, la práctica del Tribunal Constitucional ha guardado durante décadas una línea ciertamente continuista respecto del reproche constitucional que deben sufrir los preceptos recogidos en las normativas autonómicas —en sentido amplio— que afecten al ámbito de aplicación personal de los Derechos civiles coexistentes en España: son, en principio, inconstitucionales. Esto, sin duda, facilita la comprensión de lo que supone la competencia exclusiva pre-

---

sistema plurilegislativo español: ¿Dónde queda la voluntad testamentaria", *Cuadernos de Derecho transnacional*, vol. 16, núm. 2, 2024, pp. 590–592).

44 Su existencia se explica, que no se justifica, particularmente los referidos a figuras sucesorias concretas, por tratarse de preceptos inspirados en otros idénticos a los de las Compilaciones preconstitucionales que, como ya se ha puesto de manifiesto, "eran" Derecho estatal y que, a pesar del mandato del art. 149.1.8.ª CE, no fueron depurados constitucionalmente, por lo que han sido "reproducidos" en diversa normativa posconstitucional (A. Font i Segura, *Actualización y desarrollo...*, *op. cit.*, p. 97). Así, por ejemplo, art. 103 de la Compilación de Derecho civil de Cataluña de 1960, que establecía la posibilidad de otorgar testamento sacramental a las personas que gozaran de la vecindad local de Barcelona o el art. 94 de la Compilación de Derecho civil de Aragón de 1967, que establecía la posibilidad de que los aragoneses realizaran testamento mancomunado.

vista en el art. 149.1.8.ª CE respecto de las *"normas para resolver los conflictos de leyes"*.

El principal problema que se avista, sin embargo, está relacionado con los efectos derivados del escaso volumen de impugnaciones constitucionales que se plantean en relación con este tipo de preceptos y que conducen a un escenario discontinuo e irregular del ordenamiento jurídico español en este aspecto. Así pues, mientras que algunos preceptos —los "menos"— han sido declarados inconstitucionales en el contexto de un determinado Derecho civil autonómico, "perviven" en otros —la mayoría—, porque "nadie" ha planteado su constitucionalidad, pese a ser prácticamente idénticos[45].

A ello se suma que, en los últimos tiempos, el Tribunal Constitucional parece estar suavizando

45 Lo pone de manifiesto, entre otros, S. Álvarez González, "Cuarenta años...", *op. cit.*, pp. 8 y 23 (versión digital consultada a través de *academia.edu*). Desde un punto de vista constitucional, es importante tener presente la "inmediatez" que exige la presentación del recurso de inconstitucionalidad para expulsar este tipo de preceptos de una ley autonómica de nueva aparición: tres meses, como regla general, o nueve, en el mejor de los casos, desde su publicación (art. 33 LOTC), lo que supone un margen de actuación temporal muy acotado. Queda, por descontado, la posibilidad de acudir a la cuestión de inconstitucionalidad, que dependerá de cuando se produzca la duda de la constitucionalidad y de si un juez o tribunal en cuestión se anima a plantearla (art. 35 LOTC).

su criterio, por lo que algunas normas autonómicas que aparentemente vulneraban la competencia exclusiva estatal, podrían ahora ser consideras acordes con la Constitución Española —o si se quiere, no tan claramente inconstitucionales—. Es turno de desarrollar estas conclusiones preliminares realizando un análisis crítico de los principales fallos del Tribunal Constitucional.

La primera sentencia relevante en torno a esta problemática, ya mencionada anteriormente, es la STC 72/1983, que declaró inconstitucional un precepto contenido en la ley vasca de cooperativas, que establecía que *"La presente Ley se aplicará a todas las cooperativas con domicilio en la Comunidad Autónoma del País Vasco, con independencia de su ámbito territorial de actuación"*. El Tribunal Constitucional consideró que una disposición de tal índole constituía una *"(...) una norma de solución de conflicto con otras leyes (...), cuando lo cierto es que la competencia para dictar normas para resolver los conflictos de leyes se haya reservada al Estado con carácter exclusivo (...)"*[46]. Aunque se echa en falta un mayor desarrollo argumental, esta sentencia es claramente pionera en "señalar" la extralimitación competencial en que había incurrido una Comunidad

---

46 FJ 6.

Autónoma en este ámbito y, de hecho, continúa siendo referenciada hasta la actualidad.

Diez años después llegaría otro pronunciamiento del Tribunal Constitucional relevante para los conflictos de leyes. Se trataba de la ya mencionada STC 156/1993, en la que se discutía la constitucionalidad de dos preceptos de la Compilación de Derecho civil balear, disponiendo el que ahora interesa que *"Las normas del Derecho civil de Baleares tendrán eficacia en el territorio de la Comunidad Autónoma y serán de aplicación a quienes residan en él sin necesidad de probar su vecindad civil. Se exceptúan los casos en que, conforme al Derecho interregional o internacional privado, deban aplicarse otras normas"*.

El Tribunal Constitucional declaró la inconstitucionalidad únicamente de una parte del precepto, en concreto, la que vinculaba la aplicación de la normativa balear con la residencia en Baleares sin necesidad de probar la vecindad civil (balear). Según el Tribunal Constitucional, la Constitución Española optó por un sistema *"uniforme"* de Derecho interregional, lo que impide a las Comunidades Autónomas adoptar normas de conflicto[47], así como definir cada uno de sus

---

47 FJ 3. La sentencia parece dar a entender que bajo la expresión *"normas para resolver los conflictos de leyes"* se integran, entre otras, las normas de conflicto, lo cual

elementos[48]. No obstante, más allá de vulnerarse formalmente una competencia exclusiva estatal, optar por la residencia habitual como criterio de aplicabilidad del Derecho civil balear conllevaría, según indicó la sentencia, la ruptura del igual ámbito de aplicación de los Derechos civiles coexistentes en España a que conduce la mencionada uniformidad del sistema de Derecho interregional; así ocurre si "todos" han acordado que la "*común conexión*" en Derecho interregional sea la vecindad civil, pero el legislador balear introduce un "*punto de conexión distinto*"[49].

---

parece acertado. Lo que es más discutible es que todos los preceptos autonómicos que delimitan el ámbito de aplicación personal de "su" Derecho civil sean, en realidad, normas de conflicto. En cualquier caso, el Estado dispone de competencia exclusiva para elaborar todo tipo de normas que resuelvan conflictos de leyes, lo que incluye cualesquiera técnicas normativas que se ocupen de estos (normas de extensión, normas materiales especiales, etc.) (A.-L. Calvo Caravaca y J. Carrascosa González, *Tratado de Derecho..., op. cit*, p. 277).

48 FJ 3. Por ser precisos, lo que prohíbe expresamente el Tribunal Constitucional en esta sentencia es "*articular puntos de conexión diversos a los dispuestos en la legislación general*", así como la "*redefinición, alteración o manipulación*" de los mismos. Pero no impide, aparentemente, "(...) *reiterar —en su caso y si así lo exigiera la sistemática de la legislación— lo establecido en la normativa dictada por el Estado*". Posteriormente, al analizar la STC 157/2021, se incidirá sobre este aspecto.

49 FJ 3. Esta afirmación merece ser, en cualquier caso, matizada doblemente. En primer lugar, porque la ve-

Tras la STC 156/1993, en definitiva, no cabe dudar de la inclusión del régimen de la vecindad civil —su regulación, alteración o modificación— en el marco de la competencia exclusiva estatal de las *"normas para resolver los conflictos de leyes"* prevista en el art. 149.1.8.ª CE.

En el mismo año, el Tribunal Constitucional se pronunció sobre la impugnación de dos normas del Código Civil, de sobra conocidas, como son los arts. 14.3 y 16.3, que remitían, respectivamente, a la vecindad civil común y al Derecho civil común como conexiones de cierre. La primera, en un contexto de atribución de la vecindad civil; la segunda, para identificar la concreta ley española aplicable a los efectos de un matrimonio entre españoles en un supuesto internacional.

---

cindad civil no es el único criterio de aplicabilidad de los distintos Derechos civiles españoles en Derecho interregional; es el punto de conexión protagonista, pero acompañado por otros. La segunda matización guarda relación con una carencia de la sentencia: su argumentación se centra esencialmente en las consecuencias que para el Derecho interregional plantea una disposición como la contenida en la normativa balear en aquel momento, pero obvia los efectos nocivos que para los supuestos de Derecho internacional privado puede igualmente tener un precepto autonómico que delimita el ámbito de aplicación personal de su propio derecho. Como ya se ha anticipado, se profundizará sobre este último aspecto al analizar la STC 157/2021.

La STC 226/1993[50] pone en liza dos principios a lo largo de su argumentación[51].

Por un lado, el ya mencionado igual ámbito de aplicación de todos los ordenamientos civiles coexistentes en España, de modo que las normas de Derecho interregional —exclusivas, estatales y uniformes, como recuerda la propia sentencia— deben articularlo sin provocar un "*desplazamiento infundado*" de algún Derecho civil foral o especial en favor del Derecho civil común, posibilitando una "*posición de paridad*" entre todos ellos.

Por otro lado, el aseguramiento de la certeza y la seguridad jurídica, de modo que, aunque las conexiones abstractas y neutras aseguran una aplicación indistinta de cualquiera de todos los Derechos civiles españoles, el legislador estatal debe velar por ofrecer una respuesta clara y cierta en determinados supuestos, lo que consistiría en designar, como solución de cierre, una vecindad civil para el sujeto —en este caso, la vecindad civil común— o un concreto derecho aplicable —en este caso, el Código Civil español—.

El Tribunal Constitucional declaró la constitucionalidad de ambas normas, de lo que cabe

---

50 STC 226/1993, de 8 de julio, sobre los arts. 14 y 16 Cc. BOE núm. 183, de 2 de agosto de 1993 (ECLI:ES:TC:1993:226) (*Tol 82.248*).

51 FJ 4.

deducir que el segundo de ambos principios, en cierto modo, prevaleció sobre el primero[52].

Dejando de lado esta polémica, la sentencia también ahonda en alguno de los aspectos esenciales que construyen la competencia exclusiva estatal en esta materia. Así pues, se recuerda, en línea con lo dispuesto en la STC 156/1993, que corresponde al Estado la regulación del modo de adquisición y régimen jurídico de la vecindad civil y se menciona de manera literal que *"las normas estatales de Derecho civil interregional delimitarán el ámbito de aplicación personal de los varios ordenamientos civiles que coexisten en España (…)"*[53].

Pasarían dos décadas hasta que el Tribunal Constitucional dictara otra sentencia de especial relevancia para los conflictos de leyes: la STC 93/2013[54]. De entre los varios preceptos impug-

---

52 Una solución discordante con la prevista en el único voto particular de la sentencia, a cargo de don Julio González Campos, en el que se manifiesta que el contenido de los arts. 14.3 y 16.3 Cc supone claramente una injustificada preferencia del Derecho civil común por encima del resto de Derechos civiles españoles (punto 2).

53 FJ 4.

54 STC 93/2013, de 23 de abril, sobre determinados preceptos de la ley navarra para la igualdad jurídica de las parejas estables. BOE núm. 123, de 23 de mayo de 2013 (ECLI:ES:TC:2013:93) (*Tol 3.711.269*).

nados de la Ley navarra de parejas estables destaca para estos fines el art. 2.3, cuyo contenido establecía que "*Las disposiciones de la presente Ley Foral se aplicarán a las parejas estables cuando, al menos, uno de sus miembros tenga vecindad civil navarra*".

En líneas generales, la sentencia sintetiza lo dispuesto por sus antecesoras: "*(...) con la utilización del criterio de la vecindad civil y al constituir ésta el punto de conexión para la determinación del estatuto personal, es claro que se viene a incidir sobre las "normas para resolver los conflictos de leyes". Determinar cuál es la ley personal aplicable en los conflictos interregionales derivados de la potencial concurrencia de legislaciones diversas en la regulación de una situación, es una materia que se sitúa extramuros de las competencias autonómicas en tanto que la Constitución ha optado por que sea al Estado al que corresponda, en su caso, el establecimiento de las normas de conflicto en estos supuestos*"[55].

Junto con lo anterior, y esto es lo verdaderamente novedoso de la sentencia, se profundiza en la tipología de técnicas de solución de conflictos de leyes a efectos de definir el alcance de la propia competencia estatal y, en este sentido, la STC 93/2013 menciona expresamente que las

---

55 FJ 6.

"normas unilaterales o de extensión delimitadoras de los respectivos ámbitos de aplicación" pertenecen a dicha tipología y, por tanto, están vedadas al legislador autonómico[56]. En efecto, el

---

56 Aunque se trata de un trabajo publicado con anterioridad (2007) a la sentencia (2013), A. Font i Segura, *Actualización y desarrollo…, op. cit.*, pp. 104–107, ya puso de manifiesto que la inconstitucionalidad de las normas delimitativas autonómicas debe entenderse tanto respecto de las "normas de extensión" como de las "normas autolimitadas". Las primeras —"normas de extensión"— partirían de un supuesto escenario donde el operador jurídico en cuestión prescindiría del resultado al que conduce la norma de conflicto estatal para tomar en consideración simplemente la norma autonómica que regula el ámbito de aplicación personal de un determinado Derecho civil. Si el resto de los operadores jurídicos, en cambio, hicieran lo correcto, es decir, aplicar el Derecho civil autonómico en cuestión siempre que así lo dispusiera la norma de conflicto estatal, el resultado sería que tal derecho se estaría aplicando en "más" supuestos de los legalmente previstos —por eso se llaman de "extensión"—. Por ejemplo, imagínese que una determinada norma de conflicto estatal estableciera como punto de conexión la residencia habitual del sujeto, pero una norma autonómica estableciera la vecindad civil como criterio de sujeción a su propio derecho. En el caso de un sujeto con residencia habitual en Madrid y vecindad civil catalana, si se "omite" la norma estatal y se tiene en cuenta únicamente a la norma autonómica, el resultado sería que se aplicaría el Derecho civil catalán más allá de lo que originalmente prevé quien es competente —el legislador estatal— en supuestos de heterogeneidad normativa. Por su parte, las "normas autolimitadas" serían lo contrario. Imagí-

mencionado artículo, al disponer unilateralmente la sujeción a la Ley navarra al miembro de la pareja que no tenga vecindad civil navarra, está decidiendo sobre su ámbito de aplicación personal o, dicho de otro modo, está brindando una "*una norma de solución de conflicto con otras leyes*" que, como se viene repitiendo, es de competencia exclusiva del legislador estatal. Añadió el Tribunal Constitucional, además, que el hecho de que no exista en la legislación estatal una norma de conflicto que regula la materia concreta, no autoriza al legislador autonómico a hacerlo, como así ocurre, en efecto, con las uniones no matrimoniales[57].

Ciertamente, aunque los años 2016 y 2019 serían de gran relevancia respecto del pluralismo jurídico español en materia civil, sobre todo para las Comunidades Autónomas Valenciana y

---

nese ahora que la norma de conflicto estatal en cuestión estableciera como punto de conexión la vecindad civil del sujeto, pero una norma autonómica previera la residencia habitual como criterio de sujeción a su propio derecho. Si un sujeto fuera catalán, pero tuviera su residencia habitual en Madrid, el resultado sería que, aunque la norma de conflicto estatal designara el Derecho civil catalán, posteriormente la norma autonómica referente al ámbito de aplicación personal impediría su aplicación. Nuevamente, todo pasa por considerar ambos tipos de normas como inconstitucionales.

57 FJ 6.

Catalana —para la primera, en negativo y, para la segunda, en positivo—, la práctica del Tribunal Constitucional viviría tiempos menos complejos durante dichos años en relación con la interpretación de la expresión *"normas para resolver los conflictos de leyes"*. Por ello, la STC 157/2021 —ya mencionada al analizar la expansión de las materias reguladas por los legisladores autonómicos de Derecho civil foral o especial— supone, en cierto modo, reavivar una polémica que parecía relativamente cerrada. En particular, los preceptos más controvertidos para estos fines fueron, por un lado, la Ley 11 y, por otro, la Ley 12 del Fuero Nuevo de Navarra[58].

Comenzando con el primero de ellos, que establecía que *"La condición foral de navarro determina el sometimiento al Derecho civil foral de Navarra. La condición foral se regulará por las*

---

58 Como indica J.L. Iriarte Ángel, "Conflictos internacionales e interregionales de leyes. La norma de conflicto", *Iura vasconiae: revista de derecho histórico y autonómico de Vasconia*, núm. 17, 2020, p. 513, el Fuero Nuevo de Navarra contiene otros preceptos referentes a los conflictos de leyes que, sin embargo, no fueron objeto del recurso de inconstitucionalidad presentado, lo que explica que el Tribunal Constitucional no se haya pronunciado en torno a los mismos. Se trata, por ejemplo, de la Ley 199, que determina la capacidad de los navarros para otorgar testamento de hermandad tanto en España como en el extranjero.

normas generales del Estado en materia de vecindad civil, respetando el principio de paridad de ordenamientos", el Tribunal Constitucional desglosó el precepto en cuestión en tres partes, recibiendo cada una de ellas una argumentación y reproche diferente.

a) En primer lugar, en lo que respecta a la previsión de que los sujetos con vecindad civil navarra quedan sometidos al Derecho civil foral de Navarra, la sentencia indica que esta parte del precepto *"en nada altera"* lo dispuesto por el art. 14.1 Cc[59], de modo que no cabe dudar de su constitucionalidad. La sentencia no ofrece argumentación adicional de ningún tipo en este punto; tampoco se apoya, de un modo u otro, en fallos anteriores. Sea como fuere, son varios los comentarios que pueden realizarse, por un lado, uno de carácter general y, por otro, dos específicos para considerar como no tan clara ni conveniente la constitucionalidad de la misma[60].

---

59 FJ 8.a.i). De manera probablemente errónea, la sentencia menciona el art. 13 Cc en lugar del 14.1 Cc en este fundamento jurídico.

60 Ciertamente, no existe unanimidad en torno a esta cuestión. Así pues, son varios los autores que se postularon a favor de la constitucionalidad de la Ley 11 en trabajos publicados antes del fallo del Tribunal Constitucional, como es el caso de J.J. Álvarez Rubio, "La vecindad civil como punto de conexión ante la creciente complejidad del sistema plurilegislativo español: balan-

En cuanto al primero, ya se ha puesto de manifiesto en varias ocasiones en este trabajo que el criterio de sujeción a cualquier Derecho civil español en situaciones heterogéneas forma parte de la competencia exclusiva del Estado en materia de "*normas para resolver los conflictos de leyes*". Por ello, ninguna Comunidad Autónoma puede, ni exigir ostentar "su" vecindad civil, en el sentido de punto de conexión para justificar la sujeción a su propio derecho, ni aparejar a su ostentación una consecuencia jurídica[61]. Dicho de otro modo, ningún legislador autonómico puede

---

ce y perspectivas de futuro", *Derecho privado y Constitución*, núm. 38, 2021, pp. 31–34, quien considera que dentro del territorio y sin que despliegue una función conflictual *ad extra,* la mencionada ley no supone una vulneración de la competencia exclusiva estatal del art. 149.1.8.ª CE. Se adhiere a dicho argumento M.A. Egusquiza Balmaseda, "Instituciones civiles forales allí donde existan y la reserva competencia en todo caso del Estado. Reflexiones a tenor de la STC 157/2021", *Derecho privado y Constitución*, núm. 42, 2023, pp. 22–24. De una opinión similar, indicando que la Ley 11 "no es una norma de conflicto ni contiene un punto de conexión y no contradice la normativa estatal a la cual remite", J.L. Iriarte Ángel, "Conflictos internacionales...", *op. cit.*, p. 521.

61 Como indica, S. Álvarez González, "¿Puede un extranjero acogerse al pacto de mejora gallego? El Reglamento 650/2012 y la resolución de la DGSJFP de 20 de enero de 2022", *Revista de Derecho civil*, vol. IX, núm. 1, 2022, p. 13.

decidir a *quiénes* se aplican sus disposiciones: tal potestad, en los casos interregionales, corresponde al Estado,y en los casos internacionales, por decirlo de manera resumida, a la Unión Europea.

Respecto de los segundos, se resumirían ambos en que, aunque en efecto no se contradice/se es coherente/se reitera lo dispuesto en la normativa estatal —posibilidad que, con matices, ya parecía permitir la STC 156/1993— y, en este caso concreto, señalando particularmente al art. 14 Cc, ello no parece ser la mejor decisión en términos de claridad del sistema. La siguiente afirmación puede, a su vez, subdividirse de la siguiente manera.

Por un lado, es común escuchar/leer que pueden darse por buenas las normas autonómicas que reiteren lo dispuesto por el legislador estatal. Sobre este aspecto, ciertamente, las consecuencias para los conflictos interregionales y los internacionales pueden ser distintas y/o de diferente índole.

En relación con los conflictos interregionales, sobre los que el Estado español sigue ostentando de manera "directa" la competencia para dictar las "*normas para resolver los conflictos de leyes*", es cierto que las normas autonómicas que reiteren lo previsto en las estatales deberían conducir al mismo resultado —si se "copian" bien y de manera "completa", no solo incluyendo a la vecindad civil como único criterio de aplicabilidad de un Derecho civil español u otro—[62]. No obstante, existe el riesgo de que, si el Estado español modifica las normas del sistema de Derecho interregional y la norma autonómica no se "actualiza" en consonancia, ambas conduzcan a resultados contradictorios respecto del supuesto en cuestión[63].

El argumento en torno a la reiteración se complica desde que el momento que el Estado español ha "cedido" parte de su competencia exclusiva —la referente a la regulación de los conflictos internacionales— a otro legislador que no es él mismo —la Unión Europea, particularmente—. Ciertamente, un precepto autonómico que establece su ámbito de aplicación personal puede afectar, "ser dañino", tanto para los supuestos

---

62 Plantea J. Álvarez Rubio, "Relaciones entre los Capítulos IV y del Título Preliminar del Código Civil en la aplicación del Derecho civil de las Comunidades Autónomas, *Cuadernos de Derecho transnacional,* vol. 17, núm. 1, 2025, p. 1212 que, como consecuencia de la desactivación de la vecindad civil en el Derecho interregional español, las disposiciones previstas en las legislaciones autonómicas que consagran a la vecindad civil como criterio clave de sujeción van relativizándose y adquiriendo un tono cada vez más difuminado.

63 S. Álvarez González, *Estudios de Derecho interregional,* Universidade Santiago de Compostela, Santiago de Compostela, 2007, pp. 25–26 o A. Font i Segura, *Actualización y desarrollo…, op. cit.*, pp. 104–107.

interregionales —en los términos apuntados en el párrafo anterior— como para los internacionales. De hecho, si estos preceptos se aplicaran de manera literal, podrían entrar en contradicción con lo establecido por un reglamento europeo, que estaría dando paso a la aplicación de un concreto Derecho civil español a través de sus disposiciones, con sus puntos de conexión y sus soluciones para ordenamientos plurilegislativos, pero que posteriormente podrían encontrarse con la exigencia de un elemento de conexión personal adicional distinto que la persona en cuestión no cumple. Este problema, es cierto, debería ser más "hipotético" que real: cualquier situación de bloqueo de la norma autonómica vs. la norma europea se resolvería con relativa facilidad si se toma en consideración la primacía del Derecho de la Unión Europea[64], aunque tal axioma, lastimosamente, se pierde en ocasiones de vista.

Por otro lado, apuntados los peligros de que la normativa autonómica reproduzca, en general, lo dispuesto por la normativa estatal, conviene ahora hacer lo propio con la opción por reiterar, ya en particular, lo dispuesto en el art. 14 Cc. Este artículo, históricamente elevado como "la única

---

64 S. Álvarez González, "Vecindad civil y Reglamento 650/2012, de sucesiones. Una polémica artificial", *La Ley Unión Europea*, núm. 104, 2022, p. 12.

regla" del sistema de Derecho interregional respecto de la sujeción al Derecho civil común o foral o especial, refleja una realidad incompleta, imprecisa e impropia[65]: la sujeción a cualquiera de los distintos Derechos civiles españoles depende, para los casos interregionales, de lo que establezca el Derecho interregional —que es algo "más" que el propio art. 14.1 Cc, claro está— y, para los casos internacionales, de las normas de remisión a ordenamientos plurilegislativos que se contengan en el instrumento aplicable una vez se ha designado el derecho español (en general). No depende, por tanto, solo de la vecindad civil; de hecho, puede tener lugar a través de puntos de conexión distintos[66]. "Reproducir", con las debi-

---

65 A. Font i Segura, *Actualización y desarrollo..., op. cit.*, p. 114.

66 En definitiva, lo establecido en el art. 14.1 Cc solo "(...) será así cuando sea aplicable el derecho español en virtud de la correspondiente norma de conflicto y lo sea en tanto que ley personal (ley nacional, según el artículo 9.1 Cc)" (L. Garau Juaneda, "El ámbito de vigencia, el ámbito de aplicación y el ámbito de eficacia de los derechos civiles autonómicos: al hilo del caso particular del artículo 50 de la Compilación del Derecho Civil de las Islas Baleares", *Revista jurídica de les Illes Balears*, núm. 19, 2020, p. 19). Como pone de manifiesto este autor, el art. 14. 1 Cc "constituye una desafortunada norma de conflicto unilateral que entra en contradicción con el resto del sistema de Derecho internacional privado y que debe ser simplemente ignorada".

das adaptaciones, en la normativa autonómica un precepto inspirado en el art. 14 Cc no parece, en este sentido, la mejor decisión en la actualidad, como tampoco que el Tribunal Constitucional no haya depurado su verdadero significado y alcance aprovechando la ocasión.

b) En segundo lugar, en relación con la segunda parte del precepto de la Ley 11, el Tribunal Constitucional indica que se trata de una previsión que *"ha dado cumplimiento al mandato"* del Estatuto de Autonomía de Navarra, en concreto a su art. 5.3, que remite al Fuero Nuevo de Navarra respecto de la condición foral de navarro. Ciertamente resulta difícil aceptar, al menos de manera automática, una remisión como la que hace el Estatuto de Autonomía[67] y, además, ha-

---

67 Es importante entender el contexto histórico que rodeó al art. 5.3 del Estatuto de Autonomía de Navarra, que data de 1982, una fecha en la que se encontraba vigente la redacción original del Fuero Nuevo de Navarra, de 1973, que regulaba ampliamente la vecindad civil navarra (Leyes 11 a 16). Por ello, cuando el Estatuto de Autonomía de Navarra de 1982, en su art. 5.3, previó que *"La adquisición, conservación, perdida y recuperación de la condición foral de navarro se regirá por lo establecido en la Compilación de Derecho Civil Foral o Fuero Nuevo de Navarra"* el punto de partida era, precisamente, la regulación de tal cuestión en el Fuero Nuevo en su redacción anterior. Llegaría, a partir de 1983, la profusa doctrina del Tribunal Constitucional en torno a la interpretación de la expresión *"normas para*

cerlo como fundamento para justificar la constitucionalidad del precepto de la ley autonómica en disputa. Para salvar dicho escollo, el Tribunal Constitucional recuerda que la Ley 11 remite, de manera expresa, a *"las normas generales del Estado"*, por lo que estaría dando cumplimiento a la previsión de la correcta competencia estatal de dicha cuestión; de ahí que entienda que esta parte del precepto sea considerada constitucional[68]. Se trata de una concatenación de argumentos muy forzada y enrevesada para justificar la constitucionalidad de esta parte del precepto de la Ley 11, cuando en realidad poco se puede objetar a la propia afirmación de que corresponde

---

resolver los conflictos de leyes" y, para evitar problemas de inconstitucionalidad, la redacción del Fuero Nuevo de 2019 suprimió varias de dichas Leyes, reduciendo la regulación de la condición civil foral de Navarro a tres Leyes (11 a 13). Una vez se admite, en el contexto del Fuero Nuevo Navarra de 2019, la posible intromisión en las competencias exclusivas del Estado en lo que respecta a la regulación de la vecindad civil, se perciben elementos que podrían poner en entredicho la constitucionalidad de un precepto como el art. 5.3 del Estatuto de Autonomía de Navarra, ya que cualquier Comunidad Autónoma carece de competencia respecto de tal cuestión. Como ya se ha puesto de manifiesto, la inconstitucionalidad de los preceptos de los Estatutos de Autonomía se trata de una controvertida cuestión.

68 FJ 8.a.ii).

al Estado la regulación de la vecindad civil —en este caso, de la navarra—.

c) La última parte de la Ley 11 se refiere al necesario respeto al principio de paridad de ordenamientos y es la única que no fue considerada acorde con el texto constitucional. El argumento que ofrece la sentencia, de manera sumaria, es el siguiente: la obligación de garantizar la igualdad entre los diferentes ordenamientos en los conflictos interregionales se consigue, en buena medida, a través del establecimiento de normas de conflicto comunes en todo el territorio, y dado que estas últimas son competencia del legislador estatal, cualquier precepto, o parte del mismo, contenido en una norma autonómica que manifieste su interés en conseguir dicho objetivo, supone una invasión competencial. En palabras del propio Tribunal Constitucional, *"(...) la uniformidad de la norma de conflicto que diseña el legislador estatal (...) es la que garantiza ese principio de paridad de los ordenamientos civiles... sin que nada corresponda decir al legislador foral (...)"*[69].

En relación con esta última cuestión, lo más llamativo es que no se permite "reivindicar" la protección de un objetivo esencial consagrado por el Tribunal Constitucional, pero sí se permi-

69 FJ 8.a.iii).

te, por un lado, adaptar preceptos estatales más que cuestionables —el art. 14 Cc, como ocurre con la primera parte de la Ley 11— y, por otro, justificar la constitucionalidad de una parte del precepto de la ley autonómica con base en un Estatuto de Autonomía que remite, precisamente, a la mencionada ley respecto de una cuestión —la adquisición, conservación y pérdida de la vecindad civil, en este caso respecto de la navarra— que es de competencia exclusiva del Estado —por más que, finalmente, la Ley 11 remita al verdaderamente competente en torno a la misma—. En definitiva, la sensación ofrecida es que el reproche de la inconstitucionalidad lo sufre la parte del precepto, aparentemente, más inofensiva.

Junto con la Ley 11, la Ley 12 del Fuero Nuevo de Navarra, que consagra el sometimiento al Derecho civil foral de Navarra de las personas jurídicas con domicilio en Navarra, también es sometida a filtro constitucional. Aquí el Tribunal Constitucional es muy rotundo al afirmar que el establecimiento de la ley aplicable a las personas jurídicas, como en definitiva hace aquí el legislador autonómico navarro, supone una vulneración de la competencia exclusiva estatal, lo que conlleva la inconstitucionalidad del precepto en cuestión. Nada que objetar pues, al fin y al cabo, se sigue, en cierto modo, lo esencial de la doctrina constitucional de décadas anteriores.

3. LA EFICACIA TERRITORIAL DE LOS DERECHOS CIVILES COEXISTENTES

La delimitación del ámbito de aplicación personal de los Derechos civiles coexistentes no es el único de los problemas que el alcance de la competencia exclusiva estatal plantea. Algunas Comunidades Autónomas consagran que "su" Derecho civil cuenta con una eficacia territorial marcada por el propio territorio que ocupan. Una especie de: "El Derecho civil de la Comunidad Autónoma X tendrá eficacia en el territorio de la Comunidad Autónoma X".

Preceptos como el sugerido en el párrafo anterior se recogen en algunas Compilaciones, Leyes o Códigos de Derecho civil foral o especial[70], así como en algunos Estatutos de Autonomía[71]. Lo hacen, en la mayoría de ocasiones, indicando su excepcionalidad cuando entren en juego otras normas designadas por el Derecho interregional o el Derecho internacional privado y/o en virtud de otras conexiones extraterritoriales, aunque no siempre. Es complicado, en este sentido,

---

70 Por ejemplo, art. 111-3.1 Cc catalán, art. 8 Ley de Derecho civil vasco, art. 2 Compilación de Derecho civil balear o art. 3 Ley de Derecho civil de Galicia.

71 Por ejemplo, art. 14.1 Estatuto de Autonomía de Cataluña, art. 10 Estatuto Autonomía de Islas Baleares o art. 9.1 Estatuto Autonomía de Aragón.

encontrar dos preceptos completamente iguales y con el mismo "título" identificativo, dicho sea de paso, en el panorama normativo comparado español[72].

Sea como fuere, la comprensión del ámbito de eficacia territorial de los Derechos civiles coexistentes ha planteado no pocos problemas al "chocar", aparentemente, y sobre todo dependiendo de cómo se interprete este, con la competencia exclusiva estatal en materia de normas sobre conflictos de leyes prevista en el art. 149.1.8.ª CE[73]. La complejidad de la situación deviene de los diferentes enfoques que los actores involucrados han otorgado a su significado.

Comenzando por el Tribunal Constitucional, puede anticiparse que el análisis de esta cuestión ha sido ciertamente residual. De hecho, el origen de las dudas en torno a su constitucionalidad puede encontrarse en un voto particular, en concreto, el único contenido en la ya mencionada STC 72/1983. A través del mismo, se puso de ma-

---

72 Los agrupa y expone, R. Arenas García, "Pluralidad de derechos...", *op. cit.*, pp. 73–74.

73 Formalmente no existiría tal problema en el caso de los Estatutos de Autonomía, porque son derecho estatal. En cualquier caso, esto no significa que éstos no sean generadores de problemas —de hecho, así ocurre— ni que, llegado el caso, no puedan ser declarados inconstitucionales —idea que, como se ha puesto de manifiesto, no es por todos compartida—.

nifiesto que una cosa es la naturaleza territorial de la competencia —el territorio de una Comunidad Autónoma se corresponde con el territorio donde esta va a poder ejercer su competencia legislativa— y otra, la eficacia territorial de las normas emanadas de las Comunidades Autónomas —el territorio en el que una norma puede llegar a ser aplicada—. Ciertamente, si el principio de territorialidad se refiere a la competencia, poco puede objetarse constitucionalmente, dado que territorial es la articulación de las competencias que se otorga a las Comunidades Autónomas en la Constitución Española[74]. No obstante, si a lo que se refiere es al territorio en el que se puede llegar a aplicar "su" derecho, "*constituye un error pensar que las normas emanadas de las Comunidades Autónomas son normas de efectos en el espacio estrictamente territoriales*" [75]. Aunque dicha idea no se desarrolla en profundidad, y se trata, en efecto, del parecer de dos de los magistrados —no más, pero tampoco menos—, poner de manifiesto la distinción entre ambas vertientes de la territorialidad constituyó un punto de partida de mucha utilidad.

Es una lástima, en este sentido, que una década después, la STC 156/1993 —ya analizada an-

---

74 S. Álvarez González, *Estudios de Derecho…*, *op. cit.*, p. 18.
75 *Vid.* particularmente el punto 1, párr. 2.

teriormente— "desaprovechara" la ocasión para explicar la relación entre este tipo de preceptos y la competencia exclusiva estatal en materia de normas para resolver los conflictos de leyes (art. 149.1.8.ª CE). Recuérdese que, en esta sentencia, como ya se ha puesto de manifiesto, el Tribunal Constitucional discutía sobre la constitucionalidad de dos preceptos de la Compilación de Derecho civil balear, disponiendo el que ahora interesa que "*Las normas del Derecho civil de Baleares tendrán eficacia en el territorio de la Comunidad Autónoma y serán de aplicación a quienes residan en él sin necesidad de probar su vecindad civil. Se exceptúan los casos en que, conforme al Derecho interregional o internacional privado, deban aplicarse otras normas*".

Pues bien, el Tribunal Constitucional declaró que la parte del precepto referente a la territorialidad del Derecho balear y la que remitía a las normas de Derecho interregional o Derecho internacional privado, eran constitucionales. Lo hizo, no obstante, por contraste con la parte del precepto que sí declaró inconstitucional, como era la referente a la sujeción al Derecho civil balear de los residentes en Baleares, que sí consideró que invadía claramente la competencia exclusiva estatal, poniendo de manifiesto que, desde su punto de vista, eran dos cosas diferentes. No entró, sin embargo, en el engarce o la justificación de una posible convivencia pacífica entre un precepto que determina la eficacia territorial del Derecho autonómico y el hecho de que el sistema de normas de conflicto no sea competencia del legislador autonómico, aspectos ambos que, dependiendo de cómo se interpreten, pueden colisionar en supuestos de heterogeneidad normativa. Más allá de eso, y a falta de "nuevas" sentencias, el resultado final parece claro: por el momento, el Tribunal Constitucional parece considerar constitucionales los preceptos que declaran la eficacia territorial del Derecho autonómico.

Entre tanto, la doctrina ha ido interpretando el principio de territorialidad en relación con los conceptos de vigencia, aplicación o eficacia, cada uno de ellos con sus correspondientes subtipos y matices. De entre los diferentes desarrollos conceptuales merece especial mención aquel que parte de la distinción entre territorialidad formal y material[76], claramente pionero en torno al análisis de esta cuestión, y que continúa siendo un referente en la actualidad, sin perjuicio de su puesta al día y/o acompañamiento de nuevos enfoques o teorías en torno al mismo.

En este sentido, por un lado, se encontraría lo que se ha denominado territorialidad formal que, de manera muy sucinta, vendría a plantear

---

76 A. Arce Janáriz, *Comunidades Autónomas y conflictos de leyes*, Civitas, Madrid, 1987, pp. 51–64.

si la norma autonómica tiene fuerza obligatoria únicamente para las autoridades y aplicadores del derecho del territorio del que emana la misma o si, por el contrario, abarca a todas y todos los de España. En torno al mismo, conviene recordar que en España rige y preside el principio de unidad de jurisdicción (art. 117.5 CE): los órganos jurisdiccionales españoles están integrados en el mismo sistema judicial, no pueden ser considerados como órganos jurisdiccionales de alguno de los Derechos civiles coexistentes, sino que lo son del Derecho español (de todos) en su conjunto[77]. Por tanto, para cada órgano jurisdiccional español tienen la misma fuerza obligatoria todos los Derechos españoles coexistentes en territorio nacional. Si, en efecto, se entiende que todos los derechos españoles están vigentes formalmente en toda España, ello implicaría, como mínimo, que los preceptos que consagran la territorialidad del derecho de una Comunidad Autónoma reflejarían algo que no es cierto.

La segunda posible "acepción" de la territorialidad, la material, relacionada directamente con los supuestos que regula la norma autonómica en cuestión, tampoco resulta exenta de polémica:

---

77 R Arenas García., "Condicionantes y principios...", *op. cit.*, p. 574.

en el territorio de la Comunidad Autónoma X no se va a aplicar siempre y en todo caso "su" Derecho civil si el supuesto es jurídicamente heterogéneo. Tal cometido corresponde, dependiendo del caso, a las normas de Derecho interregional o a las normas de Derecho internacional privado —normas, en cualquier caso, que no son competencia del legislador autonómico—, y serán estas las que determinen qué conexión se exige o prevé, en su caso, respecto del territorio, para que tal derecho resulte aplicable. Quizás por ello, como se adelantaba al inicio, no es infrecuente encontrar en el panorama normativo comparado español, junto con el principio de territorialidad, una mención a la excepcionalidad del propio derecho cuando entren en juego otras normas de Derecho interregional o de Derecho internacional privado y/o en virtud de otras conexiones extraterritoriales. Ciertamente, cualquier Derecho civil español podría llegar a ser aplicado en otra parte del territorio español e incluso en otro Estado. Respecto de esta última idea, sobra aclarar que difícilmente una norma autonómica —en realidad ninguna— puede llegar a prever todos los supuestos en los que pueda llegar a aplicarse. Como consecuencia de ello, gran parte de la doctrina considera que este tipo de preceptos reflejan algo innecesario e inútil y que el sistema de resolución de conflictos de leyes operaría de igual forma aunque no existiesen[78]. Pero ahí están y son una gran fuente de problemas.

La jurisprudencia no ha sido ajena a todo este debate. Desde hace más de una década puede observarse cómo algunos órganos jurisdiccionales españoles de territorios de Derecho civil foral o especial están llevando a cabo una práctica consistente en justificar la aplicación de "su" Derecho civil invocando el principio de territorialidad recogido en su Estatuto de Autonomía y/o en su Compilación, Ley o Código de Derecho civil. Lo hacen, en supuestos interregionales, prescindiendo del sistema de Derecho interregional; lo hacen, en supuestos internacionales, eludiendo al sistema de Derecho internacional privado[79], en este último caso, a veces de manera completa y,

---

78 Abogando por su "irrelevancia", que no son "imprescindibles" o que en nada "afectarían" al sistema si se prescindiera de ellos, R. Arenas García, "Pluralidad de derechos...", *op. cit.*, pp. 74–75. En la misma línea, S. Álvarez González, *Estudios de Derecho...*, *op. cit.*, p. 20, quien tomando como referencia a A. Arce Janáriz, pone de manifiesto dos ideas esenciales, como son, por un lado, que este tipo de preceptos podrían reflejar, como mucho, el resultado al que conducen las normas de conflicto, más nunca condicionarlas; y, por otro, que los Derechos civiles autonómicos nacen afectados por un sistema "externo" que determina uno de sus ámbitos de aplicación.

79 P. Diago Diago, "Funciones de la vecindad civil...", *op. cit.*, pp. 268–269.

en otras ocasiones, de manera parcial, omitiendo "solo" la aplicación de las reglas sobre la identificación de la concreta ley infraestatal aplicable, es decir, inaplicando el modelo de remisión a ordenamientos jurídicos plurilegislativos una vez se ha designado la aplicación de la ley española —en términos globales—. Pues bien, este tipo de comportamientos suponen una clara omisión a la obligación de determinar el Derecho aplicable a través de las normas de conflicto impuestas por el sistema de fuentes, incluyendo, cuando sea el caso, sus normas de funcionamiento[80].

Muchos de los ejemplos descritos en el párrafo anterior conducen a Cataluña[81]. Se invocan, tanto para casos interregionales como para casos internacionales, los arts. 14.1 y 111-3.3 del Estatuto de Autonomía catalán y Cc catalán, respectivamente, como criterio de aplicación del Derecho civil catalán. No es extrañar, por tanto, que el primer pronunciamiento del Tribunal Supremo[82]

---

80 S. Álvarez González, "La eficacia territorial del Derecho civil autonómico como (no) criterio de aplicación en situaciones internacionales", *Revista de Derecho civil*, vol. IV, núm. 3, 2017, pp. 58–60.

81 En las crónicas de Derecho interterritorial del *Anuario de Derecho internacional privado* realizadas por R. Arenas García y A. Font i Segura, los ejemplos son múltiples.

82 STS 89/2021, de 17 de febrero, Sala Civil 1.ª (ECLI:ES:TS:2021:532) (*Tol 8.331.707*).

respecto de la (errónea) invocación del principio de territorialidad para justificar la ley aplicable en un supuesto con elemento de extranjería haya involucrado a una Audiencia Provincial catalana[83]. La sentencia en cuestión no profundiza en al asunto ni aporta argumento alguno; no justifica el cómo se ha llegado a la aplicación del Derecho civil catalán en el caso concreto —idealmente a través de las normas de remisión a ordenamientos plurilegislativos que contenga el instrumento en cuestión—, pero, al menos, señala "cómo no debe hacerse": "*(...) dada la confusión sembrada (...) debemos advertir que (...) la aplicación de la lex fori sería (...) no por aplicación territorial del Derecho civil autonómico*" [84]. Es de esperar —o, al menos sería lo ideal—, como mínimo por quien lo dice —el Tribunal Supremo—, que esta parte de la sentencia constituya una base de utilidad en cuya virtud esta *mala praxis* se vaya "depurando" del sistema judicial español.

---

83 A. Font i Segura, "Articulación del Derecho estatal y la pluralidad normativa" (en Crónica de Derecho interterritorial), *Anuario español de Derecho internacional privado*, t. XXII, 2022, pp. 690–691.

84 Sin obviar las dificultades que aplicar un punto de conexión como la *lex fori* en España plantea, al existir unidad de jurisdicción, solo se pretende destacar, en este momento, que se "descarta" la invocación del principio de territorialidad para justificar la aplicación del Derecho civil autonómico.

4. CONCLUSIONES (PARCIALES) DE LA INVASIÓN COMPETENCIAL

La existencia de algunos preceptos elaborados por los legisladores autonómicos que delimitan el ámbito de aplicación personal y/o la eficacia territorial[85] de un determinado Derecho civil ponen de relieve las notables tensiones existentes entre estos y el propio legislador estatal.

En el caso de los preceptos referentes al ámbito de aplicación personal, la doctrina constitucional ya está suficientemente asentada como para dejar por consolidada la idea de que estos invaden claramente la competencia exclusiva estatal *ex* art. 149.1.8.ª CE, sin perjuicio de que la STC 157/2021 sí parece admitir la constitucionalidad de las normas autonómicas que "en nada alteren" lo que diga la estatal, con los riesgos que ello conlleva, tal y como se ha apuntado.

Los referentes, por su parte, a la eficacia territorial del propio Derecho civil, no cuentan con ningún precedente que declare su inconstitucio-

---

85 Ciertamente, como ya se ha puesto de manifiesto, muchos de estos preceptos autonómicos, sobre todo los referentes a la eficacia territorial de un determinado Derecho civil, tienen su equivalente en sus respectivos Estatutos de Autonomía. También se ha repetido que, llegado el caso, un precepto de un Estatuto de Autonomía podría llegar a ser declarado inconstitucional.

nalidad, pese a que, tras la "comprensión distorsionada" de las mismas en sede judicial —en la acepción que conlleva asimilar eficacia territorial con aplicación en el territorio del derecho creado por las autoridades competentes del propio territorio, por decirlo de manera gráfica—, podría encontrarse, precisamente, su difícil encaje con el orden constitucional de distribución de competencias[86].

Dicho esto, el siguiente en ser sometido a examen será el legislador estatal. Porque hasta ahora, a lo largo del trabajo, es posible que se haya dado la sensación de que el "culpable" de la compleja situación actual es el legislador autonómico. "Es lo normal"; al fin y al cabo, se está partiendo de un precepto —el art. 149.1.8.ª CE— que otorga competencia exclusiva al Estado en relación con las normas para resolver los conflictos de leyes, lo que, indefectiblemente, conlleva poner el foco en quien pueda atentar contra ella y no en quien ya la tiene de origen. Interesa evaluar ahora, por tanto, si la competencia respecto de esta última materia ha sido ejercida por el Estado y de qué manera.

---

86 M.V. Cuartero Rubio, "El título competencial en materia interregional en el contexto de una plurilegislación civil en crecimiento", *Derecho privado y Constitución*, núm. 36, 2020, p. 69.

III. CONFLICTOS INTERREGIONALES Y DERECHO INTERREGIONAL

En las páginas anteriores se ha puesto de manifiesto que la Constitución Española otorga al Estado español la competencia para dictar "*normas para resolver los conflictos de leyes*" (art. 149.1.8.ª CE), lo que incluye tanto los supuestos interregionales como los internacionales. Interesa ahora centrarse en los primeros, esto es, aquellos conectados en su totalidad con el Estado español, pero dentro del mismo, con legislaciones de territorios con una normativa distinta para el supuesto en cuestión. Se trata, en definitiva, de casos que parten de la heterogeneidad normativa interna, en la que el elemento extranjero nada tiene que ver.

1. CONCEPTO Y CONFIGURACIÓN POSITIVA

El Derecho interregional hace referencia al conjunto de normas que buscan resolver los problemas derivados de la coexistencia de diferentes regímenes civiles españoles, en especial, la determinación de la aplicación de un Derecho civil español u otro en una situación interna[87].

---

87 S. Álvarez González, "Derecho interregional...", *op. cit.* (versión digital sin paginar).

El actual Derecho interregional descansa, esencialmente, sobre el art. 16 Cc. Este precepto, en su redacción vigente, tiene su origen en la reforma del Título Preliminar del Código Civil, llevada a cabo por el Decreto de 31 de mayo de 1974, en relación con la Ley de Bases de 17 de marzo de 1973. En términos generales, se trata de utilizar, con ciertas modificaciones, las normas de Derecho internacional privado. La principal adaptación consiste en reemplazar el criterio de la nacionalidad por el de la vecindad civil[88], con el fin de establecer qué ley debe aplicarse en casos que impliquen la interacción de distintos Derechos civiles dentro de España. Ciertamente, la de 1974 no era una solución nueva: el "antiguo" art. 14 Cc ya ordenaba la aplicación de los arts. 9, 10 y 11 a las personas, actos y bienes de los españoles en territorios o provincias de diferente legislación civil[89]. Su configuración positiva viene definida,

---

88 Igualmente ténganse presente las otras peculiaridades que prevé el propio art 16 Cc respecto de la utilización de las reglas que resuelven los conflictos de leyes internacionales a los conflictos interregionales, como son: la inaplicación del art. 12 Cc respecto de la calificación, remisión y orden público para este tipo de conflictos; las reglas especiales en relación con el derecho de viudedad aragonés o la regla relativa a la ley española aplicable a los efectos del matrimonio entre españoles.

89 E. Zabalo Escudero, "Artículo 16", en M. Albadalejo García y D. Díaz Alabart (dirs.), *Comentarios al Código*

por tanto, por la reforma del Título Preliminar del Código Civil del mencionado año, pero el modelo por el que opta es incluso anterior.

2. COMPETENCIA PREVISTA, COMPETENCIA DESATENDIDA

Para el Derecho interregional, la plurilegislación civil española es un presupuesto. Si no existieran distintos Derechos civiles españoles, no se necesitaría un sistema que los articulara y coordinara. Puede imaginarse, en este sentido, que el problema relativo a la solución que deben recibir los conflictos internos ha estado presente desde el momento en que regímenes jurídicos particulares coexisten con el Código Civil. Los problemas de Derecho interregional no son, por tanto, nuevos. Sin embargo, la plurilegislación civil española, como ya se ha puesto de manifiesto, es una cuestión dinámica y estrechamente vinculada con los mandatos constitucionales y la voluntad política existente en cada momento. Cabría esperar, por tanto, que si el presupuesto del Derecho interregional está en constante evolución, también lo estuviera el sistema que lo articula. Pero no es así[90].

Civil y las Compilaciones Forales, t. I, vol. 2, Ed. Revista de Derecho privado, Madrid, 1995, p. 1265.

90 S. Álvarez González, "Derecho interregional...", *op. cit.* (versión digital sin paginar).

En 1974, cuando se aprueba formalmente el actual Derecho interregional, existía una pluralidad jurídica que nada tiene que ver con la actual. De hecho, apenas un año antes se había promulgado la última Compilación de Derecho civil (la Navarra). La "antesala" histórico-contextual del Derecho interregional que hoy en día pervive guarda relación con una plurilegislación basada en las Compilaciones preconstitucionales —promulgadas entre 1959 y 1973—, que eran Derecho estatal, y que, a excepción del Derecho navarro, se limitaban básicamente a la regulación de las sucesiones y los efectos patrimoniales del matrimonio[91]. Se trataba, en cierto modo, de una pluralidad jurídica acotada en cuanto al *quiénes* y al *qué*. No existían las Comunidades Autónomas, no había legisladores autonómicos; en definitiva, ni siquiera estaba presente el modelo de reparto constitucional de competencias por el que optó la CE de 1978, porque el Derecho interregional introducido con la reforma del Título Preliminar del Código Civil "nació" cuatro años antes. Obviamente, la cuestión trasciende de un mero desajuste temporal.

La Constitución Española y los Estatutos de Autonomía constituyen el fundamento del actual

---

91 R. Arenas García, "Condicionantes y principios...", *op. cit.*, p. 550.

pluralismo jurídico y, sobre los mismos, el manejo de la doctrina del Tribunal Constitucional resulta indispensable para conocer los límites de su expansión. Ya se ha puesto de manifiesto en este trabajo que del análisis de dicho pluralismo jurídico se infiere, por un lado, que los legisladores autonómicos de los territorios con Derecho civil propio vienen ocupándose de materias o instituciones jurídicas cada vez más diversas, como por ejemplo, el Derecho patrimonial y, por otro, que existe una proliferación de normativa claramente civil que involucra también a territorios que no son formalmente los de Derecho civil foral o especial en los que se basó originalmente el legislador constituyente al redactar el art. 149.1.8.ª CE. El Derecho interregional, preconstitucional (de 1974), ya no puede manejar, como antes lo hacía, a "su" presupuesto, la plurilegislación, que ahora es una "nueva" plurilegislación, post-constitucional y que, además, que se "actualiza" constantemente, al ritmo de las sentencias del Tribunal Constitucional[92].

Expresar que el Derecho interregional no se ajusta a los parámetros actuales de la plurilegislación "obliga" a mirar al responsable de di-

---

92 Como apunta, F.d.B. Iriarte Ángel, *La necesaria actualización del sistema de resolución de los conflictos internos de leyes*, Dykinson, Madrid, 2023, el planteamiento del legislador de 1974 se ha quebrado.

cha circunstancia, que no es otro que el legislador estatal. Resulta curioso observar cómo, durante décadas, el Tribunal Constitucional ha estado defendiendo con gran vehemencia la competencia exclusiva estatal para dictar *"normas para resolver los conflictos de leyes"* del art. 149.1.8.ª CE, señalando como "chivo expiatorio" de la situación a las Comunidades Autónomas —que obviamente tienen su parte de culpa, porque el mandato constitucional es el que es y del mismo se deriva que los legisladores autonómicos no pueden decidir cuándo aplicar su normativa en situaciones jurídicamente heterogéneas— cuando, a la postre, el ejercicio de tal competencia no le ha interesado lo más mínimo al Estado desde hace décadas. Distintos son los factores que explican la actitud pasiva del mismo.

El primero es que, por la razón que sea, no quiere/no puede/no ¿debe? elaborar una Ley de Derecho interregional[93]. La reivindicación de esta no es, ni mucho menos, nueva. De sobra es conocido por todos que una de las Conclusiones del Congreso Nacional de Derecho civil de 1946 fue la promulgación de una ley que resolviera los problemas de Derecho interregional. Con carácter urgente se concluía, además. Un propósito re-

93 Como de hecho "exige" la doctrina desde hace décadas.

cogido igualmente en el Decreto de 23 de mayo de 1947, donde estaba prevista la creación de una Comisión especial encargada de redactar un Anteproyecto de ley encaminada a resolver este tipo de conflictos. El propio Tribunal Constitucional, en su ya mencionada sentencia 72/1983, entendía que las normas de Derecho interregional eran las contenidas en el título preliminar del Código Civil *"(...) en tanto no se dicte una ley postconstitucional"*. Peticiones/demandas, todas ellas estériles, que ponen de manifiesto que el Derecho interregional sigue basándose en la aplicación de las normas de Derecho internacional privado.

¿Y cómo es el Derecho internacional privado en el que, en efecto, se basa el Derecho interregional? Pues ocurre que, del mismo modo que distinta es hoy en día la plurilegislación civil española a como era en 1974, también lo es el Derecho internacional privado actual a como era entonces. Se ha pasado de un Derecho internacional privado de origen esencialmente estatal a uno donde afloran las fuentes internacionales. En este proceso, el año 1999 marcó claramente un antes y un después, pues la entrada en vigor del Tratado de Ámsterdam permitió la adopción de reglamentos europeos de Derecho internacional privado, que gozan de primacía sobre la normativa de producción interna[94]. Esta tendencia europeísta y la propia prevalencia de sus normas es posible que hayan acomodado al legislador estatal, que tiene presente que los reglamentos europeos "absorberán" la mayoría de los casos internacionales, careciendo de aparente utilidad sus reglas nacionales[95]. Pero, ¿es consciente el legislador estatal de que, cuando deja de actualizar el Derecho internacional privado de origen estatal[96], está dejando de hacer lo propio con "su" Derecho interregional? Más bien parece que no.

---

94 J.C. Fernández Rozas, "Elaboración y significado de la reforma del Título Preliminar del Código Civil de 1974 en el Derecho internacional privado español", *Cuadernos de Derecho transnacional*, vol. 17, núm. 1, 2025, pp. 794–797.

95 S. Álvarez González, "Cuestiones de Derecho interregional en la aplicación de los nuevos reglamentos comunitarios", en S. Ripoll Carulla (coord.), *Jornadas sobre Derecho, inmigración y empresa,* Marcial Pons, Madrid, 2019, p. 10 (versión digital consultada a través de *academia.edu*).

96 Reforma/revisión/puesta al día de la regulación estatal de los casos internacionales que se viene reivindicando, entre otros motivos, debido a la complejidad del sistema de fuentes actual, la existencia de materias todavía no incluidas en reglamentos europeos o convenios internacionales, así como por la existencia de una realidad "extra-europea", que trasciende de nuestro continente (PALAO MORENO, G.: "Reflexiones en torno al frustrado proyecto español de Ley especial de Derecho internacional privado", *Cuadernos de Derecho transnacional*, vol. 17, núm. 1, 2025, p. 951).

Un ejemplo de ello lo constituye la ausencia de una norma de conflicto en el Código Civil para resolver los supuestos internacionales respecto de las uniones no matrimoniales; pasividad de la que también se nutre, en consecuencia, el Derecho interregional. En efecto, en España, la plurilegislación civil española ha sido un "tsunami" en esta materia y no ha recibido respuesta alguna por parte del legislador estatal[97].

Quizás con menos visibilidad, aunque con la misma alarmante carencia, se trata de la situación existente en torno a las instituciones de naturaleza híbrida que, respecto del patrimonio familiar, se recogen en las Compilaciones, Leyes o Códigos de Derecho civil foral o especial —la troncalidad vasca, la tornería aranesa, el retracto gentilicio navarro o el derecho de abolorio aragonés—, pues el legislador estatal no tiene prevista ninguna norma de conflicto para regular estas situaciones[98]. Las Comunidades Autónomas ya tienen una excusa ante el reproche constitucional que reciben cuando dictan normas que delimitan

---

97 C. González Beilfuss, *Parejas de hecho y matrimonios del mismo sexo en la Unión Europea*, Marcial Pons, Madrid, 2004, pp. 211–212.

98 A. Font i Segura, "La ley aplicable a los derechos reales en los conflictos internos de leyes en España", en M. Font-Mas (dir.), *Derecho internacional privado sobre Derechos reales en la Unión Europea*, Marcial Pons, Madrid, 2024, pp. 252 a 257.

el ámbito de aplicación personal de su propia normativa: "lo hago porque el legislador estatal no hace nada". Ciertamente, la pasividad de uno no puede justificar la extralimitación competencial del otro (de los otros, en realidad).

En otros casos, la actitud del legislador español puede juzgarse no en términos de pasividad en sentido estricto, sino de inconsciencia. La reforma legislativa que tuvo lugar en 2015 respecto de algunas normas de conflicto del Código Civil, es un claro ejemplo[99]. Entre otros aspectos, lo que hizo es modificar los arts. 9.4, 9.6, 9.7 y 107.2 Cc y remitir, de manera directa o indirecta, a determinados instrumentos internacionales para regular, en todo o en parte, la materia que estos incluían. No es turno ahora de señalar lo que supone "perder" una norma de conflicto interna para supuestos internacionales, por más que se aplicara residualmente[100]. Interesa ahora plantearse lo que principalmente conlleva "cargarse" el antiguo contenido de dichas disposiciones: conducir a la aplicación de reglamentos europeos o convenios internacionales en supuestos

99 Ley 26/2015, de 28 de julio, de modificación del sistema de protección a la infancia y a la adolescencia (BOE núm. 180, de 29 de julio de 2015) (*Tol 5.214.598*).

100 El más importante: poder ofrecer una solución a los supuestos internacionales no incluidos en el ámbito de aplicación del instrumento internacional en cuestión.

interregionales respecto de las materias que estos abarcan.

3. LA APLICACIÓN DE LOS REGLAMENTOS EUROPEOS O CONVENIOS INTERNACIONALES EN CONFLICTOS INTERREGIONALES

La problemática a la que afecta el título de este apartado no es nueva. Sin embargo, que no sea nueva no significa que no esté de actualidad. Lo está desde el momento en que el legislador español, al modificar algunos preceptos del Código Civil, ha dado entrada a instrumentos internacionales para regular conflictos interregionales. No quiere decirse con ello que se haya impuesto la llamada posición dinámica[101], es decir, aquella en cuya virtud la remisión efectuada por el art. 16.1

---

101 La profesora Alegría Borrás y el profesor Iglesias Buhigues han sido los grandes defensores de la remisión dinámica del art. 16 Cc a los convenios internacionales y/o reglamentos europeos. Su respectiva labor en la Conferencia de La Haya y en la Unión Europea sin duda contribuyó a la vocación innovadora de sus planteamientos (vid. particularmente, A. Borrás Rodríguez, "Les ordres plurilégislatifs dans le droit international privé actuel", *Recueil des Cours*, vol. 249, Nijhoff, La Haya, 1994, p. 172 y J.L. Iglesias Buhigues, "La remisión a la ley española en materia sucesoria y de régimen económcio matrimonial", *Cuadernos de Derecho transnacional*, vol. 10, núm. 1, 2018, pp. 242–246).

Cc a las normas de Derecho internacional privado debe entenderse realizada, no a las normas del Capítulo IV del Título Preliminar del Código Civil, como reza de manera literal, sino a las normas de conflicto de los instrumentos internacionales que han "sustituido" a las estatales respecto de las materias coincidentes. Tampoco puede inferirse de este cambio legislativo la posición contraria[102]. El legislador español de 2015 ha previsto esta posibilidad, eludiendo este debate sin modificar el art. 16 Cc, pero afectando al contenido de las normas a que este último hace referencia[103].

Como se decía anteriormente, la plurilegislación civil española es el presupuesto del Derecho interregional. Del mismo modo, la plurilegislación civil "mundial" debe serlo del Derecho internacional privado. En consecuencia, que el Derecho interregional se base en normas de Derecho internacional privado, que parten de una plurilegislación diferente, no acotada o no fácilmente posible de acotar —¿cuántas leyes estatales hay en el mundo?— y que, además, no

---

102 No resulta procedente extraer conclusiones sobre las acciones del legislador español en torno a este aspecto, porque ciertamente este no tuvo plena conciencia o comprensión sobre el alcance de la reforma.

103 E. Zabalo Escudero, "Conflictos de leyes internos e internacionales: conexiones y divergencias", *Bitácora Millennium DIPr*, núm. 3, 2016, p. 15.

pueden ni deben tener en cuenta los mandatos constitucionales que impregnan la propia existencia de la plurilegislación española —entre ellos, el más relevante, el principio de paridad ordenamientos civiles españoles que exige el Tribunal Constitucional—, ni las propias particularidades del ordenamiento jurídico español —entre otros, plurilegislación acompañada de unidad de jurisdicción— dificulta la extensión de estas a los conflictos interregionales[104]. Por ello, la reivindicación de una ley de Derecho interregional, específica para este tipo de conflictos, es tan necesaria. No obstante, como se viene repitiendo, el legislador estatal sigue optando por (re)utilizar las reglas de Derecho internacional privado[105].

Lo descrito en el párrafo anterior es, ciertamente, una dificultad "anterior" a la potencial aplicación de los reglamentos europeos o convenios internacionales para este tipo de conflictos. Lo es desde el momento en que se optó por aplicar "criterios análogos" a los establecidos en el ámbito internacional para resolver estos casos. No obstante, esta

---

104 S. Álvarez González, "Cuarenta años...", *op. cit.*, pp. 17–18 (versión digital consultada a través de *academia.edu*).

105 A. Font i Segura, "Problemas de Derecho interregional suscitados a raíz de la aprobación de la Ley 8/2021 por la que se reforma la legislación civil y procesal para el apoyo a las personas con discapacidad en el ejercicio de su capacidad jurídica", *La Ley Derecho de familia*, núm. 31, 2021, pp. 13–14.

circunstancia adquiere un nuevo alcance desde el momento en que se pasa de un único legislador de Derecho internacional privado —el estatal— a varios —el europeo o los organismos internacionales—: es más difícil encajar la plurilegislación española en normas de Derecho internacional privado que ni siquiera has elaborado "tú mismo", que en aquellas que sí —lo cual no significa que en estas sí sea fácil hacerlo, ni mucho menos—[106]. Un ejemplo de ello lo constituye el hecho de que la funcionalidad de las conexiones clásicas del Derecho internacional privado que emplean los instrumentos internacionales a los supuestos interregionales es, en muchos casos, nula o casi nula.

---

106 Un buen ejemplo de ello lo constituyen algunas de las expresiones utilizadas en el art. 9.6 II Cc. Así, por ejemplo, resulta difícil trasladar al tráfico jurídico interregional lo que conlleva el "cambio de residencia a otro Estado" o "...sin perjuicio del reconocimiento en España de las medidas de apoyo acordadas en otros Estados". ¿Tuvo el legislador estatal en mente al redactar la Ley 8/2021 que, en materia de capacidad y medidas de apoyo a la capacidad, también existe pluralidad jurídica en España (*vid.*, por ejemplo, las legislaciones aragonesa, catalana y navarra)? (A. Font i Segura, "Problemas de Derecho...", *op. cit.*, pp. 4–7 y 14). Advierte también que el legislador español no tuvo en cuenta a los supuestos interregionales en esta materia, claramente afectada por la movilidad de personas dentro de nuestras fronteras, P. Diago Diago, "La protección de personas adultas en situaciones transfronterizas e internas: en busca del tiempo perdido", *Revista de la Facultad de Derecho de la Universidad de Granada*, núm. 2, 2024, p. 74.

Se ha mencionado, como ejemplo paradigmático, el de la conexión *lex fori*, previsto, por ejemplo, en el art. 15 del Convenio de La Haya de 1996 en materia de responsabilidad parental y medidas de protección de los niños, al que remiten los arts. 9.4.II Cc y 9.6.I Cc y que se trata, de hecho, del precepto general para determinar la ley aplicable. Esta conexión no funciona, *per se*, para casos interregionales.

En primer lugar, ¿Cuál es la ley española? La *lex fori* en España no es única, sino que es plural. En segundo lugar ¿Cómo interpretar/aplicar cuál es el tribunal competente? Decir que se aplicará la ley de la Comunidad Autónoma donde tiene su sede el tribunal (la ley catalana si el juzgado está en Cataluña, la ley gallega si el juzgado está en Galicia, etc.) es, primero, incorrecto, porque no son jueces "de las Comunidades Autónomas", sino que lo son de todo el Estado español y, segundo, conllevaría "descargar" la responsabilidad de determinar la ley aplicable en las normas sobre competencia interna de la Ley de Enjuiciamiento Civil; normas que, puede intuirse, no fueron concebidas para actuar como auxilio del Derecho interregional cuando éste remite a un instrumento internacional[107].

---

107 El desajuste es claramente evidente: el criterio general que utiliza el Reglamento (UE) n.º 2019/1111 para la

Más allá de la conexión *lex fori*, las conexiones de nacionalidad y residencia habitual, previstas tanto en el Convenio de La Haya de 1996 como en el Protocolo de La Haya de 2007 —por mencionar los instrumentos a los que explícitamente remiten los arts. 9.4, 9.6 y 9.7 Cc—, tampoco funcionan por sí mismas para supuestos interregionales. En ambos casos se refieren a *ley del Estado* de la nacionalidad o de la residencia habitual y, claro está, las Comunidades Autónomas no son Estados. Lo mismo puede decirse de la autonomía de la voluntad conflictual, en tanto en cuanto esta viene referida, con carácter general, a la elección de una *ley estatal* en materia de Derecho de familia. En consecuencia, las normas de conflicto recogidas en los instrumentos internacionales, diseñadas para casos internacionales,

competencia judicial internacional es el de la residencia habitual del menor lo que, combinado con la regla general prevista en el Convenio de la Haya de 1996, conlleva que la ley aplicable será, en muchos casos, la de la residencia habitual del menor. Por su parte, el art. 769.1 LEC utiliza como criterio general para determinar la competencia interna en esta materia el último domicilio conyugal. En definitiva, el criterio que aparentemente debía dar entrada a la ley aplicable (la residencia habitual del menor) no tiene una correspondencia en el Derecho interno (último domicilio conyugal) (S. Álvarez González, "Cuarenta años...", *op. cit.*, p. 27 (versión digital consultada a través de *academia.edu*).

no se ajustan para resolver, sin más, supuestos conectados con las leyes de un mismo Estado.

Es necesario proponer, en este sentido, una posible solución ante la situación de bloqueo descrita en el párrafo anterior. ¿Podría entenderse que, donde la norma de conflicto de origen internacional diga nacionalidad, puede leerse vecindad civil? ¿El 16.1.1.ª Cc solo permite tal equivalencia respecto de las normas de conflicto "positivizadas" en el propio Código Civil o también en relación con aquellas a las que este último remite? Aceptar esta última hipótesis permitiría "solventar", por supuesto con matices, la aplicación de la conexión nacionalidad. Pero, ¿y con la residencia habitual? El art. 16 Cc no proporciona adaptación alguna respecto de esta conexión para aplicar las normas de conflicto de Derecho internacional privado a supuestos interregionales. Ciertamente, no se "necesitaba" respecto de algunas de las normas de conflicto internas —por ejemplo, los arts. 9.2 y 9.3 Cc, que se refieren a la *ley del lugar* y no *del Estado* respecto de la residencia habitual[108]—, pero ahora, con la relevancia de la conexión *ley del Estado* de la re-

108 En otras normas de conflicto internas, en cambio, sí se hace referencia, ocasionalmente, a la ley del Estado de la (nueva) residencia habitual, como es el caso del art. 9.6 II Cc, por lo que sí existiría tal problema.

sidencia habitual en los instrumentos internacionales, tal circunstancia deviene más alarmante.

Decir, simplemente, que las soluciones de los reglamentos europeos o los convenios internacionales no sirven para los conflictos interregionales, no resulta incompatible con intentar ofrecer una vía de escape para el operador jurídico ante la situación actual. No hay escapatoria posible en la obligación de aplicar, en materia de responsabilidad parental y alimentos, los Convenios de La Haya de 1996 y el Protocolo de La Haya de 2007, respectivamente, en supuestos conectados solo con España. De algún modo u otro, debe facilitarse la determinación de la concreta ley infraestatal española aplicable. Aquí va una propuesta, que en ningún caso puede interpretarse como una sensación de júbilo con la situación actual: ambos instrumentos contienen sendas disposiciones —art. 47 y 16.1, respectivamente— que permiten, por decirlo de manera gráfica "interregionalizar" las conexiones internacionales. Por ejemplo, con carácter general, ambos preceptos coinciden en señalar que cuando se haga referencia a la *ley del Estado de la residencia habitual* deberá aplicarse la *ley de la unidad territorial* pertinente, y que cuando se haga referencia la *ley del Estado de la nacionalidad* se optará, en ausencia de normas al respecto, por *la ley de los vínculos más estrechos*. Con estas adaptaciones, mencionadas en el propio instrumento internacional, ya podría ofrecerse una solución para resolver el conflicto interregional, sin dejar de denunciar que, ciertamente, es difícil encontrar acomodo con los principios constitucionales básicos que rigen y presiden el Derecho interregional, así como con la propia política legislativa patria.

Una aclaración adicional: con la anterior propuesta se podría argüir que se están confundiendo planos; que se están tomando prestadas para estos fines las reglas subsidiarias de los respectivos modelos de remisión a ordenamientos plurilegislativos de ambos instrumentos, que sirven para individualizar el concreto derecho aplicable de un Estado plurilegislativo en supuestos internacionales, y que ahora estamos con casos interregionales. No es del todo así: ambos instrumentos de la Conferencia de La Haya introducen estas reglas en un precepto o apartado separado del propio modelo de remisión previsto para determinar la concreta ley infraestatal aplicable. Posteriormente, es cierto, vuelven a referirse a ellas en el concreto precepto o apartado que regula tal cuestión. Pero, de primeras, no se trata de reglas que el propio convenio internacional haya ubicado, decididamente, únicamente para determinar la concreta ley aplicable en supuestos internacionales. Pueden servir para algo más: para lo que aquí interesa, como mero apoyo para resolver un supuesto interregional.

Una última idea: hasta ahora, es posible que se esté dando la sensación de que el problema de la aplicación de los reglamentos europeos y los convenios internacionales a supuestos interregionales es un problema de si las conexiones sirven o no. Y parece que, al intentar ofrecer una solución, se están obviando todas las implicaciones que ello conlleva. Nada más lejos de la realidad. En el párrafo siguiente se destaca una por encima de las demás, ya mencionada de manera parcial anteriormente, pero interesa ahora ponerla en contexto.

"Fiar" la renovación del Derecho interregional al Derecho internacional privado de "otros", como así ocurre con las materias reguladas por los arts. 9.4.II, 9.6.I, 9.7 y 107.2 Cc —por más que sea de manera inconsciente e indirecta— conlleva aceptar para sí las peculiaridades del propio sistema en el que se mueve la fuente internacional en cuestión, sobre todo si, como ha ocurrido con la reforma de 2015, se hace una remisión en bloque a determinados instrumentos internacionales, en lugar de haber "copiado y pegado" en el Código Civil los concretos preceptos contenidos en los mismos que interesaran[109]. En

109 Las últimas reformas de las normas de conflicto del Código Civil alemán van en esa línea: en lugar de remitir en bloque a los instrumentos internacionales, con lo que ello conlleva, hacen una reproducción interesada

los instrumentos internacionales hay definiciones o nociones que pueden coincidir o ser compatibles, o no, con las internas, y puede existir, además, un organismo que ejerza como máximo intérprete en torno a los problemas que conlleva su aplicación. Así ocurre, particularmente, respecto de los conceptos autónomos y la jurisprudencia del TJUE, propios del sistema de Derecho internacional privado europeo, que ahora estarían siendo "invitados" al Derecho interregional[110]. Nuevamente, un precio muy elevado a pagar por la pasividad del legislador estatal.

4. LA VECINDAD CIVIL EN DERECHO INTERREGIONAL

Desde su introducción a finales del S.XIX, la vecindad civil ha tenido un claro componente emocional. Ha sido una de las manifestaciones más evidentes de las diferencias existentes entre el Derecho de los ciudadanos del "centralista"

---

de las normas de conflicto contenidas en los mismos. Sin duda, los problemas surgidos en torno al caso *Sahyouni* (C-372/16, *Soha Sahyouni v Raja Mamisch,* (ECLI:EU:C:2017:988) (Tol 6.459.261) impulsaron tal reforma legislativa.

110 J.J. Pérez Milla, *El espacio del Derecho interregional tras los reglamentos de la Unión Europea sobre familia y sucesiones mortis causa*, El Justicia de Aragón, Zaragoza, 2019, p. 24.

Estado español y el de los territorios forales despertando, en ambos sentidos, un sentimiento de pertenencia e identidad cultural que, con distinta intensidad, ha ido adquiriendo diferentes matices al albur de las estructuras políticas y organizativas de España a lo largo del tiempo[111]. No se analizará ni discutirá dicha faceta. Se partirá, en adelante, de la vecindad civil como posible conexión para determinar la aplicación de un Derecho civil español u otro. Las siguientes líneas, además, solo lo harán respecto de la perspectiva interregional, es decir, sin incluir el elemento de extranjería en la ecuación.

El año 1974 será, nuevamente, el punto de partida. La solución establecida en el art. 16 Cc "ratifica" la opción del legislador español de resolver los conflictos interregionales haciendo extensibles a estos las normas de Derecho internacional privado —en aquel momento, sin duda, principalmente las contenidas, *stricto sensu*, en el Título Preliminar del Código Civil—. Pues bien, muchas de dichas normas se basaban en el punto de conexión de la nacionalidad que, como es lógico, no resultaba pertinente para ventilar casos exclusivamente conectados con las distintas legislaciones del terri-

---

111 J. Delgado Echeverría, "Vecindad civil y Derecho interregional privado: una reforma necesaria", *Jado. Boletín de la Academia Vasca de Derecho*, año 15, núm. 28, 2017, p. 79.

torio español. Este inconveniente se solventó positivizando la siguiente solución: donde la norma de conflicto diga nacionalidad, debe leerse vecindad civil (art. 16.1.1.ª Cc). Desde 1974, por tanto, la vecindad civil ha fiado su suerte a la mayor o menor relevancia que tenga la nacionalidad en Derecho internacional privado. Muchas cosas han cambiado desde entonces, otras no tanto.

Se comenzará por las primeras, para lo cual se partirá de una idea circular del trabajo: el Derecho civil español, en su conjunto, no es el mismo que era en 1974. El pluralismo jurídico español en materia civil, limitado en gran medida originalmente a la regulación de las sucesiones y los efectos patrimoniales del matrimonio, donde ciertamente la conexión vecindad civil siempre ha sido la protagonista, se extiende ahora a otras materias, en las que esta puede no ser útil o adecuada para determinar el Derecho aplicable en Derecho interregional. Desde este punto de vista, la diversidad legislativa española, claramente dinámica, solo estaría poniendo en evidencia la inaptitud de algunas de las normas de conflicto estatales del Código Civil que empleen el punto de conexión de la nacionalidad (vecindad civil) para resolver los "nuevos" supuestos problemáticos; normas de conflicto que, en efecto, ya estaban "ahí" —son, de hecho, cincuentenarias—, pero que, por el cariz que presenta la plurilegislación de presente y futuro, muestran ahora sus carencias para resolver casos interregionales. Por ejemplo, asumiendo una proliferación de normativas civiles españolas en materia de obligaciones contractuales, como todo apunta[112], ¿Cuál sería la vecindad civil común de dos personas jurídicas en materia de obligaciones contractuales —que sería la traslación a los conflictos interregionales de aplicar el segundo criterio del art. 10.5 Cc—? Ninguna, el criterio nacionalidad (vecindad civil), no aporta una respuesta[113].

El segundo gran cambio de tendencia en comparación con la situación de 1974 es el más evidente: la pérdida progresiva de relevancia de la nacionalidad como conexión de Derecho internacional privado produce como resultado que lo pierda la vecindad civil como conexión de Derecho interregional[114]. Por más que ya se haya repetido: cuando el legislador español modifica "su" Derecho internacional privado, también hace lo propio con "su" Derecho interregional[115].

---

112 S. Sánchez Lorenzo, "Las reglas del Título Preliminar del Código Civil en materia patrimonial", *Cuadernos de Derecho transnacional*, vol. 17, núm. 1, 2025, p. 997.

113 S. Álvarez González, "Cuarenta años…", *op. cit.*, p. 21 (versión digital consultada a través de *academia.edu*).

114 M.E. Ginebra Molins, "El veïnatge civil: regulación, reforma i alternatives com a punt de connexió", en A. Font i Segura (ed.), *La aplicación…*, *op. cit.*, pp. 39–40.

115 E. Zabalo Escudero, "Conflictos de leyes…", *op. cit.*, p. 15.

El año 2015 fue, desde este punto de vista, "demoledor" para la vecindad civil. Por un lado, respecto de algunas materias, como la determinación y carácter de la filiación por naturaleza (art. 9.4.I Cc) y las medidas de apoyo para personas con discapacidad (art. 9.6.II Cc), la nacionalidad (vecindad civil) ha sido sustituida directamente por la residencia habitual como primera conexión. Por otro lado, respecto del contenido de la filiación y el ejercicio de la responsabilidad parental (art. 9.4.II Cc) y la protección de menores (art. 9.6.I Cc), la remisión en bloque a los correspondientes instrumentos internacionales conlleva adoptar las normas de conflicto en ellos contenidas, en las que, precisamente, la residencia habitual se sitúa por encima de la nacionalidad como primera conexión objetiva. La vecindad civil pierde así, indirectamente, parte de su protagonismo[116].

Otras cosas, sin embargo, no son tan distintas a cómo eran en 1974. La vecindad civil sigue siendo (muy) relevante en sus dos materias "fetiche", a las que anteriormente se aludía: las

---

116 J.J. Álvarez Rubio y U. Belintxon Martín, "Regulación de las crisis matrimoniales y conflictos de leyes internos: una urgente y necesaria reforma", en M. Guzmán Zapater y M. Herranz Ballesteros (dirs.), *Crisis matrimoniales internacionales y sus efectos. Derecho español y de la Unión Europea*, Tirant lo Blanch, Valencia, 2019, p. 827.

sucesiones y el régimen económico matrimonial. Las normas de conflicto que las regulan, los arts. 9.8[117] y 9.2 Cc[118], respectivamente, siguen incluyendo como punto de conexión prioritario a la nacionalidad. No son materias cualesquiera: son aquellas en las que se manifiesta con mayor notoriedad la plurilegislación civil española —desde antiguo—. Y esto, en cierto modo, le permite seguir siendo la clave de bóveda del sistema de Derecho interregional.

Tampoco ha cambiado mucho desde 1974 la confusión que genera un precepto como el art. 14.1 Cc en el Derecho interregional, hasta el punto de que diversa normativa autonómica se

---

117 Refiriéndose a los casos internacionales, E. Castellanos Ruiz, "Sucesiones *mortis causa*", *Cuadernos de Derecho transnacional*, vol. 17, núm. 1, 2025, pp. 1022 y 1023, indica que la opción escogida en esta norma de conflicto a favor de la nacionalidad respondió a una concepción personalista de la sucesión, reflejo de la directriz "soberanía" del Estado español sobre sus nacionales, más allá de donde residieran o estuviera ubicados sus bienes.

118 Se refiere también a que el empleo de la conexión nacionalidad en esta materia obedeció a que España, en el pasado, fue un país de emigración, pero que dicha tendencia se ha revertido claramente a favor de la inmigración, como bien ponen de manifiesto las estadísticas, perdiendo en consecuencia parte de su virtualidad, P. Blanco-Morales Limones, "Derecho de la persona y de la familia", *Cuadernos de Derecho transnacional*, vol. 17, núm. 1, 2025, pp. 956–957.

inspira en el mismo para remarcar el ámbito de aplicación personal de "su" Derecho. Una práctica que, aparte de ser inconstitucional —aspecto ya denunciado en este trabajo— es errónea por el resultado al que conduce: en supuestos de heterogeneidad normativa interna, la aplicación del Derecho civil común o foral o especial puede depender de la vecindad civil, o no. Así lo será cuando, en efecto, la norma de conflicto emplee la conexión nacionalidad y ésta resulte operativa para los hechos del caso; no obstante, junto con ella, hay más conexiones que podrían producir la entrada en escena de un Derecho territorial u otro (residencia habitual, lugar de celebración del matrimonio, etc.). La vecindad civil no es, en definitiva, el único criterio de aplicabilidad de las leyes vigentes en el ordenamiento jurídico español. El art. 16.1 Cc, desde este punto de vista, no termina de encajar bien con el mandato del art. 14.1 Cc y el resultado al que conduzca el primero de ellos es, en realidad, lo que debe prevalecer respecto del Derecho aplicable[119].

Un tercer aspecto sobre el que ciertamente tampoco ha habido muchas novedades consiste en la todavía defensa de la vecindad civil en

---

119 L. Garau Juaneda, "El ámbito de vigencia...", *op. cit.*, p. 19 y S. Álvarez González, "Derecho interregional...", *op. cit.* (versión digital sin paginar).

términos de conveniencia para el sistema de Derecho interregional. ¿Es una conexión válida? Sí, lo es para todos los españoles (todos tienen una vecindad civil), que son a quienes afecta al Derecho interregional. Así pues, siempre que la norma de conflicto utilice la conexión nacionalidad y esta última sea relevante para resolver el caso, la vecindad civil determinará el derecho aplicable. ¿Ofrece un mayor grado de seguridad jurídica en comparación con otras conexiones? Depende. La práctica judicial viene poniendo de manifiesto desde hace tiempo que la vecindad civil carece, en la mayoría de ocasiones, de traducción registral o documental y que no siempre es fácil determinarla[120], especialmente en cuanto al criterio de la adquisición por residencia continuada de diez años sin declaración en contrario durante ese plazo[121]. Se aprovecha dicha circunstancia para justificar la conveniencia de su "sustitución"

---

120 R. Arenas García, "Vecindad civil" (en Crónica de Derecho interterritorial), *Anuario español de Derecho internacional privado*, t. XXII, 2022, pp. 713–717, pone de manifiesto, no obstante, que en términos cuantitativos el número de conflictos en torno a la vecindad civil ya va progresivamente reduciéndose al compás de su limitado alcance como punto de conexión para los conflictos internos como fruto de la reforma legislativa de 2015.

121 A. Borrás Rodríguez, "Quin hauria de ser el paper del veïnatge civil en el Dret interregional del futur?", *Revista jurídica de Catalunya*, vol. 109, núm. 4, 2010, pp. 1018–1019.

por otra conexión, pero ciertamente el debate debería girar en torno a la introducción de algunas modificaciones o mejoras de la propia vecindad civil que permitieran superar las complejidades existentes[122].

Para finalizar el análisis de la vecindad civil y el Derecho interregional se realizarán un par de aclaraciones en torno a algunos aspectos colindantes.

La primera, que la vecindad civil también podrá resultar operativa para determinar el concreto Derecho civil español en supuestos internacionales que afecten a españoles, aunque no necesariamente. En cualquier caso, este tipo de supuestos no formarían parte del objeto del Derecho interregional. La vecindad civil, como conexión, operaría como regla auxiliar de Derecho internacional privado, no como Derecho interregional[123]. Dependerá, en cualquier caso, del modelo de remisión a ordenamientos plurilegislativos por el que opte el instrumento internacional en cuestión.

La segunda, que la plurilegislación civil española no solo afecta a los españoles, sino también

---

122 S. Goyeneche Echeverría, "Sobre la oportunidad (y necesidad) de una reforma del sistema interno de Derecho interregional", *Anuario Español de Derecho internacional privado*, t. XXIII, 2023, p. 109.

123 S. Álvarez González, "Vecindad civil y Reglamento 650/2012...", *op. cit.*, p. 8.

a los extranjeros siempre que se designe el Derecho español en un supuesto internacional. Lo que está claro es que no será la vecindad civil la que determine la aplicación de un Derecho civil español u otro porque el extranjero carece de nacionalidad española y, por ende, de vecindad civil. Pero, nuevamente, no será una situación objeto del Derecho interregional y, además, dependerá del mecanismo de remisión empleado.

Todas estas cuestiones serán desarrolladas con detenimiento en la siguiente parte del trabajo, bastando ahora con depurar el tipo de supuestos que regula, por un lado, el Derecho interregional y, por otro, el Derecho internacional privado y que conllevan, por ende, que el papel jugado por la vecindad civil sea diferente.

IV. LA PLURILEGISLACIÓN CIVIL ESPAÑOLA EN EL CONTEXTO INTERNACIONAL

La plurilegislación del Derecho civil español también entra en escena en los supuestos que presentan un elemento de extranjería. Esto ocurre porque los varios ordenamientos civiles que coexisten en España cuentan o deberían contar con una vocación de aplicación no ceñida únicamente al territorio de cada Comunidad Autónoma o a los ciudadanos que ostentan su vecindad civil, ni tampoco restringida, en general, a toda España o a los españoles. Su vocación de aplicación —por utilizar la misma terminología— no puede, en principio, acotarse; podrán llegar a ser aplicables en cualquier parte del mundo y/o a cualquier persona cuando así lo decida el sistema de Derecho internacional privado de cada Estado, siempre que se trate, claro está, de un supuesto internacional[124]. Consecuencia directa de lo anterior es que, en España, la aplicación del Derecho civil común o foral o especial en este tipo de

124 J.L. Iglesias Buhigues, "Reflexiones en torno al objeto y función del Derecho internacional privado", *Revista española de Derecho internacional*, vol. XXXV, núm. 1, 1983, pp. 34–35.

supuestos dependerá del Derecho internacional privado español.

1. LOS ESTADOS PLURILEGISLATIVOS: UNA DIFICULTAD ADICIONAL

El problema concreto que plantea la plurilegislación en el Derecho internacional privado es el siguiente: cuando la norma de conflicto reguladora de la situación en cuestión designa la ley de un Estado plurilegislativo, esto es, un Estado en el que conviven varios sistemas jurídicos en su seno, es necesario identificar cuál de todos ellos resulta aplicable. Para resolver tal cuestión, las diferentes reglamentaciones de Derecho internacional privado —en sus niveles europeo, convencional y estatal— se valen de un determinado tipo de normas de aplicación del sistema, cuyo cometido es facilitar al operador jurídico la individualización de la concreta ley infraestatal aplicable en supuestos internacionales[125]. Se suele decir que son normas que operan en un segundo escalón conflictual. Son las llamadas normas de remisión a ordenamientos plurilegislativos. Su presupuesto base, obviamente, es la propia plu-

---

125 C. González Beilfuss, "Interregional/Interstate law", en J. Basedow, G. Rühl, F. Ferrari y P. De Miguel Asensio (eds.), *Encyclopedia of private international law*, vol. II, Edward Elgar, Cheltenham, 2017, pp. 1015–1019.

rilegislación con la que debe contar el Estado al que remiten las normas de conflicto aplicables; de lo contrario, no es necesaria su utilización.

Decir que las normas de remisión en cuestión a aplicar deben estar en el mismo nivel normativo o instrumento que la norma de conflicto "previamente" aplicable quizás sea una perogrullada, pero es un punto de partida para entender el funcionamiento del sistema. Por ejemplo, si se parte de las normas de conflicto del Reglamento (UE) n.º 650/2012[126] para resolver un supuesto, el modelo de remisión que se tomará en consideración será el que se contenga en tal reglamento europeo (art. 36 cuando se trate de un ordenamiento plurilegislativo de base territorial). Del mismo modo, si se parte de la norma de conflicto del art. 9.1 Cc para resolver un supuesto, el modelo de remisión que se tomará en consideración será el contenido en el propio Código Civil (art. 12.5). Lo mismo ocurre con otras normas de funcionamiento del sistema, como el reenvío, el orden público o la calificación. Normas de conflicto y

126 Reglamento (UE) n.º 650/2012 del Parlamento Europeo y del Consejo de la Unión Europea de 4 de julio de 2012, relativo a la competencia, la ley aplicable, el reconocimiento y la ejecución de las resoluciones, a la aceptación y la ejecución de los documentos públicos en materia de sucesiones mortis causa y a la creación de un certificado sucesorio europeo (*DO* L 201 de 27 de julio de 2012) (*Tol 2.591.692*).

normas de aplicación del sistema —del sector de la ley aplicable— van de la mano[127].

Lo anterior evidencia que el alcance de la plurilegislación civil española en el contexto internacional se encuentra directamente condicionado por la normativa existente en torno al mismo: si las normas de conflicto prevalentes o preferentes a aplicar se encuentran en los instrumentos institucionales —los reglamentos europeos o los convenios internacionales—, que se sitúan por encima de las del legislador estatal de cada Estado —en España, las contenidas en el Código Civil—, será a las normas de aplicación del sistema de los mismos, lo que incluye a las normas de remisión a ordenamientos plurilegislativos, a las que habrá que atender para individualizar la concreta ley aplicable. Por tanto, en supuestos internacionales, la aplicación del Derecho civil común o del Derecho civil foral o especial está directamente afectada no solo por las normas de conflicto "generales" por las que opte el reglamento europeo o convenio internacional en cuestión —la "puerta de entrada" al ordenamiento jurídico español, en general— sino, sobre todo, por el modelo de

127 A.-L. Calvo Caravaca y J. Carrascosa González, "Permanencia del Capítulo IV del Título Preliminar del Código Civil: Tratamiento de los problemas generales de aplicación", *Cuadernos de Derecho transnacional*, vol. 17, núm. 1, 2025, pp. 1060–1063.

remisión a ordenamientos plurilegislativos de base territorial escogido.

2. MODELOS DE REMISIÓN A ORDENAMIENTOS PLURILEGISLATIVOS EN LOS REGLAMENTOS EUROPEOS, ¿*QUO VADIS*, LEGISLADOR EUROPEO?

La remisión a Estados plurilegislativos constituye una comprometida cuestión no resuelta de modo uniforme en el Derecho internacional privado europeo, convencional y estatal. Dependiendo de la materia y el momento histórico en cuestión, las diferentes normativas muestran su preferencia y, en definitiva, optan, por un modelo de remisión u otro. Así ocurre respecto de los dos tipos de ordenamientos plurilegislativos que tradicionalmente se han distinguido, como son los de base personal y los de base territorial[128].

Particularmente en el plano europeo, y en lo que respecta a la pluralidad normativa de base

---

128 En los ordenamientos plurilegislativos de base personal se contienen varios sistemas jurídicos o conjuntos de normas aplicables a diferentes grupos de personas en función de su religión, etnia, etc. En los Estados plurilegislativos de base territorial el Estado en cuestión comprende varias unidades territoriales con sus propias normas jurídicas respecto de algunas materias (A. Borrás Rodríguez, "Les ordres plurilégislatifs...", *op. cit.*, pp. 220–225).

territorial, debe realizarse una distinción entre dos bloques temáticos[129]. Por un lado, las obligaciones contractuales y extracontractuales y, por otro, el Derecho de familia y sucesiones. En relación con los primeros, los Reglamentos (CE) n.º 593/2008[130] (art. 22) y 864/2007[131] (art. 25) recogen el modelo de remisión directa, lo que supone que cada unidad territorial se considera un Estado a efectos de determinar la ley aplicable. Respecto de los segundos, mientras que el Reglamento (UE) n.º 1259/2010[132] (art. 14) optó por un modelo mixto —remisión directa para las conexiones

---

129 E. Zabalo Escudero, "El Derecho aplicable a las situaciones privadas internacionales en los ordenamientos plurales", en J. Forner Delaygua, C. González Beilfuss y R. Viñas Farré (coords.): *Entre Bruselas y La Haya. Estudios sobre la unificación internacional y regional del Derecho internacional privado, Liber Amicorum Alegría Borras*, Marcial Pons, Madrid, 2013, pp. 895–899.

130 Reglamento (CE) n.º 593/2008 del Parlamento Europeo y del Consejo, de 17 de junio de 2008, sobre la ley aplicable a las obligaciones contractuales (*DO* L 177 de 8 de julio de 2008) (*Tol 1.335.108*).

131 Reglamento (CE) n.º 864/2007 del Parlamento Europeo y del Consejo, de 17 de junio de 2008, sobre la ley aplicable a las obligaciones contractuales (*DO* L 199 de 31 de julio de 2007) (*Tol 1.115.663*).

132 Reglamento (UE) n.º 1259/2010 del Consejo, de 20 de diciembre de 2010, por el que se establece una cooperación reforzada en el ámbito de la ley aplicable al divorcio y a la separación judicial (*DO* L 343 de 29 de diciembre de 2010) (*Tol 1.999.073*).

de base territorial y remisión indirecta para las conexiones de base personal—, los Reglamentos (UE) n.º 650/2012 (art. 36), 2016/1103[133] (art. 33) y 2016/1104[134] (art. 33), como también previsiblemente el futuro reglamento europeo en materia de filiación (art. 23)[135], se acogen al denominado modelo indirecto —acompañado de una serie de conexiones subsidiarias—, en el sentido de que se remite primeramente a las normas internas de conflictos de leyes del Estado designado por las normas de conflicto, pero ahora completándose con una serie de preceptos que permiten "individualizar" el concreto derecho aplicable en ausencia de tales normas.

---

133 Reglamento (UE) n.º 2016/1103 del Consejo, de 24 de junio de 2016, por el que se establece una cooperación reforzada en el ámbito de la competencia, la ley aplicable, el reconocimiento y ejecución de resoluciones en materia de regímenes económico matrimoniales (*DO* L 83 de 8 de julio de 2016) (*Tol 5.767.018*).

134 Reglamento (UE) n.º 2016/1104, del Consejo de 24 de junio de 2016 por el que se establece una cooperación reforzada en el ámbito de la competencia, la ley aplicable, el reconocimiento y ejecución de resoluciones en materia de efectos patrimoniales de las uniones registradas (*DO* L 83 de 8 de julio de 2016) (*Tol 5.767.596*).

135 Propuesta de Reglamento del Consejo relativo a la competencia, al Derecho aplicable, al reconocimiento de las resoluciones y a la aceptación de los documentos públicos en materia de filiación y a la creación de un certificado de filiación europeo (COM (2022) 695 final).

Como puede observarse, por tanto, los reglamentos europeos muestran una reciente tendencia, como mínimo en materia de Derecho de familia y sucesiones, por el modelo de remisión indirecto —acompañado de las conexiones subsidiarias—. Esto no es casualidad. Los representantes de los diferentes Estados miembro que negocian cada reglamento europeo influyen de manera muy relevante en su resultado final. A su vez, sobre ellos, inciden de modo evidente las directrices o indicaciones que reciben de sus respectivos ministerios de justicia y/o asuntos exteriores[136]. ¿A qué Estado miembro afecta, con carácter principal —que no exclusivo— el modelo de remisión a ordenamientos plurilegislativos que emplee un determinado reglamento europeo? En la Unión Europea y en materia civil solo había, históricamente, dos Estados plurilegislati-

---

136 El jurista de reconocido prestigio que negocia en Bruselas en representación de un Estado miembro no cuenta pues con la misma libertad de la que disponen los representantes estatales de otros organismos internacionales independientes, como la Conferencia de La Haya. Esto no es ni bueno ni malo, sino que pone de manifiesto el diferente papel de ambos. Lo que resulta evidente es que el primero de ellos cuenta con una dificultad adicional, como es la de buscar un equilibrio entre su buen saber como jurista y el atendimiento de unos intereses globales que, dependiendo de la materia en cuestión, le pueden venir más o menos dados, y que pueden coincidir, o no, con su posición personal o interna.

vos: el Reino Unido y España[137]. Una vez que el primero de ellos está fuera —y, sea como fuere, ya se sabía que no ejercería su derecho de *opt-in* respecto de los Reglamentos (UE) n.º 650/2012, 2016/1103 y 2016/1104, por lo que su posible interés sobre esta cuestión era más estético que de fondo—, esto sitúa el foco de atención en el segundo de ellos.

El titular sería: España ha impulsado o, como mínimo, no se ha opuesto al modelo de remisión indirecto —acompañado de las conexiones subsidiarias— por alguna determinada razón. Aunque puede haber varias, una de ellas sería la siguiente: si el modelo en cuestión consiste en acudir, siempre que se pueda, a las normas internas sobre conflictos de leyes (art. 36.1 del Reglamento (UE) n.º 650/2012 y art. 33.1 de los Reglamentos (UE) n.º 2016/1103 y 2016/1104) es porque España parece "desear" que siempre que se designe la ley española y sea posible —como se verá, a veces no se podrá, por diferentes razones— no se desatiendan tales normas españolas a la hora de individualizar la concreta ley infraestatal aplicable[138]. Y parece "desearlo" no respecto

137 R. Arenas García, "Significado de la reforma para el Derecho interregional", *Cuadernos de Derecho transnacional*, vol. 17, núm. 1, 2025, p. 828.

138 El primer reglamento europeo que empleó el modelo de remisión indirecto —acompañado de las co-

de unas materias cualesquiera, sino en relación con el Derecho de familia y sucesiones, sobre las que la plurilegislación civil española se ha expresado con mayor intensidad a lo largo del tiempo. En otras palabras, España manifiesta, mediante su preferencia por el empleo de este modelo, su interés por controlar el mecanismo de aplicación del Derecho civil común o foral o especial en supuestos que presentan un elemento de extranjería respecto de tales bloques temáticos[139]. Un

---

nexiones subsidiarias— fue el Reglamento (UE) n.º 650/2012. En torno al mismo, como ya se puso de manifiesto, "... teniendo en cuenta los deseos de España manifestados en sus respuestas al Libro Verde, se han incluido unas normas distintas y más complejas, cuyo objetivo es, sin duda, proteger la aplicación del sistema español de atribución en los casos relativos a ciudadanos españoles" (A. Borrás Rodríguez, "El reglamento de la Unión Europea 650/2012 en materia de sucesiones. Aspectos generales y problemas de remisión a un ordenamiento plurilegislativo", *Annals de l'Acadèmia de Jurisprudència i Legislació de Catalunya*, núm. 6, 2014–2016, p. 575).

139 En el contexto del reglamento europeo de sucesiones, si se hubiera mantenido la opción inicialmente escogida por la Comisión Europea (modelo de remisión directa), se habría evitado el "previo paso" por las normas internas sobre conflictos de leyes de España, pero entonces la determinación de la ley española aplicable en un supuesto interregional y la individualización del concreto Derecho civil español en un supuesto internacional que afectara a un español podría haberse articulado en torno a reglas

propósito que, como ya se ha indicado, a veces conseguirá y a veces no.

Una última apreciación sobre la justificación del modelo de remisión indirecto, —acompañado de las conexiones subsidiarias— empleado en los recientes reglamentos europeos: tradicionalmente se ha pensado que la introducción —y redacción— de las cláusulas de ordenamientos plurilegislativos es, sobre todo, responsabilidad

---

distintas, algo que el Estado español parecía no estar dispuesto a admitir (A. Rodríguez Benot, "Las reglas sobre aplicación de un sistema plurilegislativo. Una visión desde el exterior", en N. Cornago Prieto, J.L. Castro Montero y L. Moure Peñín (eds.), *Repensar la Unión Europea. Gobernanza, seguridad, mercado interior y ciudadanía. XXVII Jornadas AEPDIRI*, Tirant Lo Blanch, Valencia, 2019, pp. 363–364). En definitiva, utilizar este método y, por tanto, remitir a las normas internas sobre conflictos de leyes supone, en cierto modo, que se respete la voluntad del legislador nacional en estos supuestos (J. Rodríguez Rodrigo, "Modificaciones del Capítulo IV, posteriores a la Constitución Española", *Cuadernos de Derecho transnacional*, vol. 17, núm. 1, 2025, p. 901). El "precio a pagar": se ha generado una falta de uniformidad en los reglamentos europeos en torno a la selección de la normativa civil aplicable y se han puesto de manifiesto claros problemas de desajuste cuando las conexiones del reglamento no coinciden con las nacionales (P. Jiménez Blanco, "Regímenes económicos matrimoniales transfronterizos y Derecho interregional español", en E. Pérez Vera *et. al.* (eds.): *El Derecho internacional..., op. cit.*, p. 463).

de los Estados plurilegislativos. De hecho, como se acaba de manifestar, así ocurre en la práctica. Una especie de "que la propuesta del modelo la elabore España, que para eso es un Estado plurilegislativo".

Lo anterior es una verdad a medias. La parte cierta es la siguiente: a España le interesa o le importa el *cómo* puede llegar a aplicarse el Derecho civil común o foral o especial a supuestos internacionales y, por ello, justifica pues su interés por un modelo u otro. Sin embargo, la ecuación no resulta completa si se olvida que el sistema de remisión que adopte el instrumento en cuestión resulta de obligada aplicación para todos los Estados miembro que están vinculados por el mismo, siempre que se designe la ley de un Estado plurilegislativo. Por ejemplo, los órganos jurisdiccionales de Francia o Italia, a la hora de aplicar los reglamentos europeos anteriormente mencionados, tienen que valerse de este modelo de remisión, como España lo haría, cuando resulte de aplicación la ley española. La crítica a la complejidad del modelo debe ser contextualizada, por tanto, sin olvidar a quien pudo, pero no quiso o no supo —cualquier Estado miembro presente en la negociación de los reglamentos europeos—, en su momento, haber interferido en el resultado final.

3. LAS NORMAS INTERNAS SOBRE CONFLICTOS DE LEYES DE ESPAÑA EN TENSIÓN ANTE EL MODELO DE REMISIÓN DE LOS RECIENTES REGLAMENTOS EUROPEOS

Como se ha puesto de manifiesto, el modelo de remisión escogido exige un "previo paso" por las normas internas sobre conflictos de leyes existentes en España para identificar la concreta ley civil española aplicable. Hasta ahí es donde llega la primera regla del art. 36.1 del Reglamento (UE) n.º 650/2012 y del art. 33.1 de los Reglamentos (UE) n.º 2016/1103 y 2016/1104; estos no definen cuáles son tales normas, ni la forma en que se aplican, ni si resultan completas o no para resolver todos los supuestos.

El Estado plurilegislativo en cuestión, en este caso España, conserva, porque así lo ha previsto el legislador europeo, su soberanía para decidir sobre la aplicación de alguno de sus concretos derechos, siempre y cuando el instrumento institucional de que se trate designe la aplicación de la ley española y sea posible. En otras palabras: los reglamentos europeos han identificado la aplicación de la ley española a través de las normas de conflicto en ellos contenidas y, ahora, siguiendo lo dispuesto en el modelo de remisión previsto, ceden la cuestión de la individualización de la ley aplicable a las normas internas sobre conflictos de leyes de España; nuevamente, siempre que sea posible. El plano sigue siendo internacional —sigue siendo un supuesto con elemento de extranjería— pero ahora pasa a dársele al legislador español, porque así lo establecen los reglamentos europeos, la dosis de protagonismo que sus propias normas de conflicto le permitan abarcar.

¿Cuáles son las normas internas sobre conflictos de leyes de España? Todo hace indicar que los reglamentos europeos mencionados están remitiendo a las mismas normas que en España se utilizan para resolver la cuestión de la aplicación de un Derecho civil español u otro en una situación interregional —las del Derecho interregional—, con el matiz de que ahora éstas cumplen una *función auxiliar* respecto de la norma europea —no se aplican como genuino Derecho interregional, porque la situación no es interregional, sino que es internacional—. ¿Y quién es el competente para dictar tales normas? Solo hay uno, el legislador estatal español (art. 149.1.8.ª CE). Por tanto, las normas internas sobre conflictos de leyes de España son las normas de conflicto contenidas en el Título Preliminar del Código Civil a las que remite el propio art. 16.1 Cc: art. 9.8 Cc para las sucesiones, arts. 9.2 y 9.3 Cc para el régimen económico matrimonial y "la nada" para los efectos patrimoniales de las uniones no matrimoniales, porque no existe norma de conflicto interna sobre tal cuestión[140]. Todo ello con la particularidad de sustituir la conexión nacionalidad por la vecindad civil (art. 16.1.1.ª Cc).

Se ha generado, en este contexto, una interesante polémica en torno a todos estos aspectos. Un primer elemento de tensión está relacionado con las propias normas internas sobre conflictos de leyes previstas por el legislador estatal español —asumiendo que existan—[141] y su inaptitud para resolver todos los supuestos internacionales en los que es necesario determinar si se aplica el Derecho civil común o alguno foral o especial. Por ejemplo, la conexión nacionalidad (vecindad civil) que emplean algunas de tales normas, hará que estas sean inoperativas total —si no hay más puntos de conexión en la norma de conflicto— o parcialmente —dependiendo de si existen otros puntos de conexión aplicables en defecto de la nacionalidad (vecindad civil)— respecto de los

---

140 S. Álvarez González, "Vecindad civil…", *op. cit.*, p. 8.

141 No es el caso de los efectos patrimoniales de las uniones registradas: el art. 33.1 del Reglamento (UE) n.º 2016/1104 no resulta operativo cuando se designa la ley española porque en España no existen normas internas sobre conflictos de leyes al respecto (A. Font i Segura, "El Reglamento UE 2016/1104 en materia de efectos patrimoniales de las uniones registradas: un análisis de su ámbito de aplicación ante la pluralidad legislativa española", *La Ley Derecho de familia*, núm. 38, 2023, p. 10).

extranjeros, ya que solo los españoles tienen vecindad civil.

Ante tal eventualidad, el modelo de remisión por el que optan los mencionados reglamentos europeos pone a disposición del operador jurídico una serie de conexiones subsidiarias que permitirán, en todo caso, identificar la concreta ley infraestatal aplicable (art. 36.2 del Reglamento (EU) n.º 650/2012 y art. 33.2 de los Reglamentos (UE) n.º 2016/1103 y 2016/1104). Esto supone una gran ventaja, porque evita el "salto al vacío" que puede conllevar, en ocasiones, la aplicación de las normas internas sobre conflictos de leyes de un determinado Estado, como de hecho es posible que suceda con las españolas en este tipo de situaciones [142].

142 El empleo de las conexiones subsidiarias del modelo en cuestión se prevé, de conformidad con el tenor literal de tales reglamentos europeos, "*A falta de tales normas*". No obstante, se viene defendiendo desde hace tiempo que por tal expresión debería entenderse no sólo la ausencia de normas internas sobre conflicto de leyes del Estado cuya ley resulta de aplicación, sino la falta de adecuación o previsibilidad de las mismas para resolver todos los supuestos posibles (P. Quinzá Redondo y G. Christandl, "Ordenamientos plurilegislativos en el Reglamento (UE) de Sucesiones con especial referencia al ordenamiento jurídico español", *Indret*, núm. 3, 2013, pp. 17.19. Todo ello sin perder de vista que corresponde al TJUE la interpretación de tal expresión. Lo pone de manifiesto respecto del Reglamento (UE) n.º 2016/1104, N. Magallón Elósegui, "El Reglamento

Otro segundo elemento de tensión se conecta con la proyección que, a nivel internacional, puede conllevar toda la problemática en torno a la (in) constitucionalidad de algunos preceptos elaborados por los legisladores autonómicos en varias de las Compilaciones, Leyes o Códigos de Derecho civil foral o especial que delimitan el ámbito de aplicación personal de "su" propio derecho. De cualquier manera, ninguna Comunidad Autónoma ostenta competencia para decidir sobre esta cuestión; por lo que ahora interesa, tampoco en situaciones heterogéneas internacionales.

Lo anterior no debería dejar espacio a la duda. Por un lado, cuando el modelo de remisión que emplean los reglamentos europeos se refiere a las normas internas sobre conflictos de leyes de España, no puede entenderse por tales normas las recogidas en la diversa normativa civil autonómica —por ejemplo, art. 111-3.3 Cc catalán, art. 10.1 Ley de Derecho civil vasco, Ley 11 del Fuero Nuevo de Navarra o art. 4 Ley de Derecho civil gallego—, que coinciden en señalar que el criterio de sujeción al Derecho civil propio, vendrá dado, particularmente, por tener el sujeto "su" vecindad civil, dado que éstas suponen una

---

(UE) 1104/2016 en materia de efectos patrimoniales de las uniones registradas y las parejas de hecho en el País Vasco", *Anuario español de Derecho internacional privado*, t. XXI, 2021, p. 54.

vulneración de la competencia exclusiva estatal prevista en el art. 149.1.8.ª CE —por expresarlo gráficamente, tal remisión no se puede entender hecha a normas inconstitucionales—. Por otro lado, este tipo de preceptos tampoco deberían "bloquear" el resultado al que conduzcan las normas de Derecho internacional privado —en este caso, las europeas—, incluyendo las conexiones subsidiaras del mencionado modelo de remisión; y ello, principalmente, porque el marco jurídico europeo se antepone al de los Estados miembro. No obstante, de un modo u otro, al no tener resuelto internamente el tema, este tipo de disposiciones están causando ahora estragos no en los supuestos interregionales, sino en los internacionales.

4. LA POLÉMICA SOBRE LAS SUCESIONES INTERNACIONALES Y LA PLURILEGISLACIÓN CIVIL ESPAÑOLA

Hasta el momento, ha sido la materia sucesoria la que más problemas ha planteado en la práctica española[143]. Constituye, de hecho, un

143 Tres son las resoluciones de la DGSJFP (anteriormente, DGRN) que han estado especialmente en el foco de atención. La primera, la RDGRN de 24 de mayo de 2019 (BOE núm. 150, de 24 de junio de 2019) (*Tol 7.446.228*), confirmada por la Sentencia del JPI de Ma-

buen ejemplo de las tensiones anteriormente mencionadas. ¿Puede un extranjero acogerse a

---

llorca de 11 de mayo de 2020 (no publicada en el CENDOJ), sobre la que posteriormente la Audiencia Provincial de Mallorca (SAP 529/2020, de 30 de diciembre de 2020. ECLI:ES:APIB:2020:2608) y el Tribunal Superior de Justicia de las Islas Baleares (STSJ 460/2020, de 14 de mayo de 2021. ECLI:ES:TSJBAL:2021:460) se pronunciaron en sentido contrario. La segunda, la RDGSJFP de 10 de agosto de 2020 (BOE núm. 257, de 28 de septiembre de 2020) (*Tol 8.101.210*). La tercera, la RDGSJFP de 20 de enero de 2022 (BOE núm. 40, de 16 de febrero de 2022) (*Tol 8.796.868*). Muy a grandes rasgos todas ellas denegaban la inscripción de una escritura de pacto sucesorio respecto de otorgantes extranjeros bajo el argumento general de que la normativa civil autonómica en cuestión requería que el otorgante tuviera "su" vecindad civil. Es importante tener presente, no obstante, que la RDGSJFP de 24 de julio de 2023 (BOE núm. 231, de 27 de septiembre de 2023) (*Tol 9.710.438*) parece seguir un camino diferente al de las tres resoluciones mencionadas. Los hechos de esta última resolución giran en torno a un problema de interpretación de la voluntad de la testadora, para lo cual la DGSJFP, tras rechazar la existencia de una *professio iuris* a favor de alguna de las nacionalidades extranjeras de la testadora, admitió la aplicación del Derecho civil catalán, aun cuando la causante carecía de vecindad civil catalana, y ello debido a la aplicación del art. 21 del Reglamento (UE) n.º 650/2012, complementado con el art. 36. Esta última resolución y su manera de proceder deja dos elementos para la reflexión. El primero, que en este último caso no había pacto sucesorio en liza (¿son los pactos sucesorios otorgados por extranjeros el problema?); y el segundo, que ciertamente el Código Civil las instituciones sucesorias previstas en algunas de las legislaciones civiles forales o especiales de España?[144]

---

catalán no contiene un precepto tan taxativo como el de la legislación balear o gallega en cuanto a la sujeción a "su" derecho por ostentar el sujeto "su" vecindad civil —de hecho, el art. 111-3.3 Cc catalán se refiere a los extranjeros que adquieran la nacionalidad española y su sometimiento al Derecho civil catalán por tener la vecindad administrativa en Cataluña—.

144 Uno de los principales argumentos para la elección de una institución jurídica u otra puede ser el tratamiento fiscal que se les dispense. Esto lo saben los españoles y, por descontado, los extranjeros. Muy en resumen: los pactos sucesorios no están permitidos en Derecho civil común, a diferencia de lo que ocurre con los territorios de Derecho civil foral o especial en los que sí, cada uno de ellos con sus particularidades. Pues bien, el tratamiento fiscal que se dispensa a estos pactos sucesorios suele ser muy ventajoso, de ahí que cualquier persona "se interese" por quedar sujeta a la aplicación de Derecho civil foral o especial donde estos se permitan (P.A. Munar Bernat, "Los problemas que plantea el Reglamento (UE) n.º 650/2012 en el tratamiento del pacto sucesorio de definición (arts. 50 y 51 CDCIB). A propósito de la STSJ Illes Balears de 14 de mayo de 2021", *Revista de Derecho civil*, vol. VIII, núm. 4, 2021, p. 246). Plantea F.J. Oñate Cuadros, "Fuentes del Derecho, Derecho internacional privado y Derecho sucesorio: propuestas para una reforma del Código Civil", *Jado. Boletín de la Academia Vasca de Derecho*, año 18, núm. 31, 2023, pp. 404–405, como reflexión de fondo, que el Estado (central) español debería preocuparse más en actualizar el Derecho civil común, que en "contener" el desarrollo expansivo de los Derechos civiles forales o

El punto de partida es claro: el Reglamento (UE) n.º 650/2012, regulador de las sucesiones con elemento de extranjería, ha designado como aplicable el Derecho español y debe individualizarse a cuál de todos ellos se refiere, en este caso, respecto de un extranjero. Pues bien, cuando se intenta aplicar el art. 9.8 Cc a un extranjero, porque esa es la norma interna sobre conflictos de leyes de España a la que remite el modelo de remisión por el que opta el Reglamento (UE) n.º 650/2012, uno se percata de su inoperatividad: los extranjeros carecen de vecindad civil. Sin embargo, una cosa es que el art. 9.8 Cc no ofrezca una solución y otra bien distinta que no se pueda aplicar el Derecho civil común foral o aplicable a un extranjero. Claro que se puede. Se podrá, no a través de las normas internas sobre conflictos de leyes de España (art. 36.1 del Reglamento (UE) n.º 650/2012), sino mediante el empleo de las conexiones subsidiarias que contiene el art. 36.2 del mencionado instrumento institucional; por ejemplo, porque el causante hubiera tenido su residencia habitual en el territorio de una de-

---

especiales y los supuestos que estos abarcan, por lo que propone, particularmente, reflexionar sobre la posible inclusión de los pactos sucesorios en el Código Civil español, una vez que estos ya se permiten por parte de los legisladores civiles autonómicos con competencias en materia de Derecho civil.

terminada Comunidad Autónoma. En definitiva, la aplicación del Derecho civil foral o especial a extranjeros resulta perfectamente posible, lo que incluye la posibilidad de que estos puedan beneficiarse de las concretas instituciones sucesorias —particularmente los pactos sucesorios— que se prevea en cada uno de ellos.

Realmente, el párrafo anterior resumiría perfectamente la respuesta a la cuestión planteada en términos prácticos. No obstante, existen ciertos aspectos en torno a la misma que merecen de una explicación más detallada.

El primero está relacionado con el hecho de que, en la actualidad, la plurilegislación civil española se articula a través de reglas distintas para resolver, por un lado, los supuestos interregionales y, por otro, los internacionales[145] y, derivado de ello, la aplicación del Derecho civil común o foral o especial podrá tener lugar a través de cauces distintos. Como consecuencia de ello, el rol

145 Al menos en materia sucesoria. No obstante, las ya mencionadas reformas llevadas a cabo en 2015 por parte del legislador estatal español al incorporar por referencia varios textos internacionales en las normas de conflicto del Código Civil suponen, al menos respecto de algunas materias, un intento de retorno al principio de unidad normativa (J. Álvarez Rubio, "Relaciones entre...", *op. cit.*, p. 1205).

que jugará la vecindad civil en ambos escenarios no será el mismo.

En supuestos interregionales, la norma de conflicto aplicable sujeta las sucesiones a la vecindad civil del causante (arts. 16 y 9.8 Cc); todos los españoles tienen una vecindad civil y, como los conflictos interregionales se circunscriben a ellos, el resultado será que siempre se sabrá cuál es el concreto Derecho civil español aplicable a través de tal punto de conexión[146].

En supuestos internacionales, y partiendo del modelo de remisión por el que opta el Reglamento (UE) n.º 650/2012, la vecindad civil, en su función auxiliar, podrá concretar la ley infraestatal aplicable respecto a los españoles a los que les resulte de aplicación el Derecho español, aunque planteando esta, en algunos casos, no pocos problemas de ajuste en su relación con los puntos

---

146 Así ocurrirá en materia sucesoria. No obstante, en otras materias en las que la plurilegislación civil española también es igualmente relevante, como por ejemplo los efectos patrimoniales del matrimonio, la vecindad civil podría no ser el criterio de aplicación de un Derecho civil español u otro. Así ocurrirá, por ejemplo, en el caso de dos cónyuges de distinta vecindad civil y con residencia habitual en territorio español desde que se casaron, sin elemento de extranjería alguno, al aplicar el art. 9.2 Cc. Como se ha dicho anteriormente: la vecindad civil no es el único criterio de aplicabilidad de las leyes vigentes en el ordenamiento jurídico español.

de conexión "europeos". Por su parte, la vecindad civil, en ningún caso, jugará papel alguno respecto de los extranjeros; a estos últimos, no obstante, se les podrá aplicar el Derecho civil común o foral o especial, como ya se ha puesto de manifiesto, a través de las conexiones previstas en el art.36.2 del mencionado instrumento institucional.

El diferente juego y alcance de la vecindad civil es, en cualquier caso, una decisión soberana del Estado español, de manera directa o indirecta.

En las sucesiones interregionales, porque el Derecho interregional es de competencia exclusiva del legislador estatal.

En las internacionales, a través del siguiente razonamiento: en materia sucesoria la Unión Europea ha optado porque se intenten aplicar prioritariamente las normas internas sobre conflictos de leyes existentes en el Estado de la ley aplicable, por lo que si se trata de la española, corresponde al legislador español decidir qué concretos supuestos desea abarcar a través de las mismas, en este caso, para especificar la concreta ley infraestatal española aplicable en un supuesto internacional, así como aceptar las consecuencias de no hacerlo[147]. Por tanto, si "decide",

---

147 Es responsabilidad del legislador estatal que, cuando tome decisiones en torno a las normas internas sobre

consciente o inconscientemente, que su norma interna sobre conflictos de leyes, el art. 9.8 Cc, incorpore como único criterio a la nacionalidad (vecindad civil) del causante, debe entonces asumir que cualquier supuesto que involucre a extranjeros conllevará la aplicación de un Derecho civil español u otro a través de las conexiones subsidiarias del reglamento europeo[148].

---

conflictos de leyes de su competencia, tenga presente que, en efecto, estas son las normas que resuelven los conflictos interregionales, pero también a las que llama, en primer lugar, el modelo de remisión al que remiten los recientes reglamentos europeos. Considera que en ambos planos se debe ser capaz de dar una respuesta a la identificación de la ley española aplicable, E. Zabalo Escudero, "Los conflictos de leyes internos. Una perspectiva actual del panorama interregional español", en N. Cornago Prieto, J.L. Castro Montero y L. Moure Peñin (eds.), *Repensar la Unión Europea..., op. cit.*, p. 344.

148 Esto supondrá, específicamente en materia sucesoria, que los extranjeros con residencia habitual en territorios con Derecho civil foral o especial podrán otorgar pactos sucesorios, mientras que los españoles seguirán "dependiendo" de la vecindad civil de un modo u otro: en los casos interregionales porque, en efecto, es el único criterio posible y, en los internacionales, asumiendo que se aplica el Derecho español al supuesto en cuestión, debido al modelo de remisión que emplea el reglamento europeo, que exige aplicar prioritariamente las "normas internas sobre conflicto de leyes", en este caso, la ley de la vecindad civil del sujeto. Todo ello ha suscitado un interesante debate en la doctrina, que se plantea la posibilidad de una discriminación de los

Junto con ello, el segundo aspecto que merece especial atención está relacionado con la ya mencionada extensa polémica en relación con la existencia de los preceptos recogidos en las Compilaciones, Leyes o Códigos de Derecho civil foral o especial que delimitan el ámbito de aplicación personal de "su" propio Derecho; en este caso, enfocada particularmente en casos internacionales.

La doctrina del Tribunal Constitucional parece clara en este punto, como se ha puesto de manifiesto repetidamente a lo largo del trabajo: son inconstitucionales. No obstante, la anteriormente señalada STC 157/2021, al no declarar inconstitucional una parte del precepto de la Ley 11 del Fuero Nuevo de Navarra, en concreto la que reza que "*La condición foral de navarro determina el sometimiento al Derecho civil foral de Navarra*"

---

españoles, referida obviamente a los que no posean la vecindad civil del territorio autonómico que prevé el pacto sucesorio, en comparación con los extranjeros. *Vid*, por ejemplo, A. Rodríguez Benot, "Una lectura europea de la aplicación del artículo 50 de la Compilación Balear a los extranjeros. A propósito del caso *Crul* y su deriva judicial (sentencia de la AP de Mallorca, sección Tercera, de 30 de diciembre de 2020", *Revista electrónica de Estudios Internacionales*, núm. 41, 2021, p. 25 y A. Fernández-Tresguerres García, "Los reglamentos europeos y el Derecho interregional", *Revista Española de Derecho internacional*, vol. 74, núm. 1, 2022, p. 231.

bajo el argumento de que no contradice la normativa estatal, parecería conllevar el dar por buenos, ahora particularmente en materia sucesoria, los preceptos autonómicos que, de manera directa o indirecta[149], prevén que el sujeto tenga "su" vecindad civil para acogerse a los pactos sucesorios previstos en el Derecho civil autonómico en cuestión, ya que, al fin y al cabo, es la vecindad civil el criterio de sujeción general previsto en materia sucesoria. Así ocurre, de hecho, en supuestos interregionales.

No obstante, como se ha puesto de manifiesto, también los Derechos civiles autonómicos pueden resultar de aplicación en supuestos internacionales. En torno a los mismos, en efecto, hasta hace una década, por un lado, la exigencia de una vecindad civil por parte de un legislador autonómico no contradecía formalmente la determinación de la concreta ley infraestatal aplicable para los españoles en las sucesiones con elemen-

---

149 El propio precepto autonómico que regula el pacto sucesorio puede ser el que exija el requisito de la vecindad civil. En otros casos, es la normativa autonómica la que, en general, exige el requisito de la vecindad civil para quedar sujeto al Derecho civil autonómico —en términos globales—, lo que incluiría, por ende, el acceso a las instituciones sucesorias previstas en el mismo. Del primero era ejemplo, cuando estaba vigente, el art. 50 de la Compilación de Derecho civil Balear; del segundo, el art. 4 de la Ley de Derecho civil de Galicia.

to de extranjería —determinada la aplicación del Derecho español a través del art. 9.8 Cc, ello se completaba con la sustitución de la nacionalidad por la vecindad civil— y, por otro, tal problema no se planteaba respecto de los extranjeros, a los que resultaba de aplicación la ley de su nacionalidad. Sin embargo, aceptar la funcionalidad de las normas autonómicas si reiteran lo dispuesto por las normas estatales, resulta inoperativo y carente de sentido en casos internacionales una vez que, por un lado, el legislador estatal ya no es el competente para regular tal cuestión y que, por otro lado, el instrumento aplicable cuenta con sus correspondientes normas de conflicto, su correspondiente modelo de remisión a ordenamientos plurilegislativos y sus correspondientes conexiones subsidiarias, que permiten la aplicación de algún Derecho civil español a extranjeros a través de criterios, claro está, ajenos e indiferentes a la vecindad civil[150].

---

150 Como indica L. Garau Juaneda, "El ámbito de vigencia...", *op. cit.*, p. 33, "(...) decir que el art. 50 (se refiere a la Compilación de Derecho civil Balear) no contraviene la norma estatal (o la de la UE que la sustituye al menos en supuestos transnacionales) resulta un anacronismo: no la contravenía mientras no fue aplicable el Reglamento (UE) núm. 650/2012, pero sí la contraviene desde el momento en que, en virtud de este, la ley española ha pasado a ser la ley rectora de la sucesión de extranjeros con residencia habitual, en el momento de

En realidad, dos son las ideas esenciales que deben retenerse. Primero, la primacía y efecto directo del Derecho de la Unión Europea: el resultado al que conduce una norma de conflicto europea no puede quedar desvirtuado por una norma interna que delimita el ámbito de aplicación personal de un determinado Derecho civil. Segundo, tales normas autonómicas que reclaman ostentar la vecindad civil, bien de forma general, bien de forma singular, como requisito de aplicación de las mismas, resultan claramente inconstitucionales, aunque la exigencia de tal vecindad sea el criterio sostenido por el propio legislador estatal para esa determinada materia en casos interregionales y se produzca, por ende, esa coincidencia de criterios que, en cualquier caso, como ya se ha visto, "hace aguas" en casos internacionales que involucran a extranjeros. La inconstitucionalidad de tales preceptos no pasa por *lo que dicen,* sino por *quién lo dice.* Los legisladores autonómicos carecen de competencia en todo lo que respecta a las normas para resol-

---

fallecer, en España". De la misma opinión, J.G. Horrach Armo, "La aplicación de la legislación civil foral o especial a los extranjeros en virtud del Reglamento (UE) n.º 650/2012. Especial referencia al pacto sucesorio de definición contemplado en la Compilación de Derecho civil de las Illes Balears", *Anuario español de Derecho internacional privado,* t. XXII, 2022, p. 402–403.

ver los conflictos de leyes[151]. Todo gira en torno a un problema de jerarquía de fuentes y de reparto competencial, en este último caso al compás del art. 149.1.8.ª CE, una vez más[152].

---

151 A menos que se trate de conflictos de leyes interlocales, cuestión no analizada en detalle en este trabajo, pero sobre la que algunos autores se manifiestan positivamente en torno a la posible competencia de los legisladores autonómicos, como se ha apuntado.

152 Una reforma constitucional del art. 149.1.8.ª CE llamando a la adaptación mutua entre el legislador estatal y los legisladores autonómicos es lo que propone J. Delgado Echeverría, "Codificación, Derecho civil y Derechos civiles forales", *Iura vasconiae: revista de derecho histórico y autonómico de Vasconia*, núm. 17, 2020, pp. 50–53. También se refiere a la necesaria coordinación institucional entre los distintos actores para posibilitar la reforma del mencionado precepto constitucional A. Font i Segura, "Incidencia del art. 149.1.8.ª CE de la Constitución en el Capítulo V del Título Preliminar del Código Civil", *Cuadernos de Derechos transnacional*, vol. 17, núm. 1, 2025, p. 1196.

REFLEXIONES FINALES

Se decía en la introducción de este trabajo que la situación que envuelve al pluralismo jurídico español y a las normas para resolver los conflictos de leyes tiene varios responsables. Interesa ahora, de manera sumaria, realizar una petición desinteresada a cada uno de ellos en torno a ambos aspectos.

Al legislador autonómico se le pide, por muy vergonzante que parezca, que se atenga a lo dispuesto en la Constitución respecto de la posibilidad de legislar en materia de Derecho civil. Esto afecta tanto al *qué* como al *quiénes*. Es cierto que, sobre este punto, la Constitución Española apenas ofrece claridad alguna y, en consecuencia, tal petición debe entenderse subordinada a los mandatos del Tribunal Constitucional. Pues bien, en relación con las Comunidades Autónomas con Derecho civil propio, todo hace indicar que la cada vez más frecuente relajación del requisito de la conexión como fundamento para legislar, conducirá a que, gradualmente, estas abarquen materias distintas al Derecho de sucesiones y efectos patrimoniales del matrimonio, que eran las "originalmente" previstas en las Compilaciones preconstitucionales. ¿Y en relación con las Comunidades Autónomas que no son consideradas como territorios con Derecho civil foral o especial? Se les pide que, por el momento, no legislen en materia de Derecho civil, porque constitucionalmente no pueden, por más que "enmascaren" disposiciones o preceptos de contenido marcadamente civil a través de títulos competenciales ajenos al art. 149.1.8.ª CE.

Al legislador autonómico se le pide, de igual forma, que no elabore más normas para resolver conflictos de leyes —no es competente— y que, en el caso de las ya existentes, las expulse mediante modificaciones legislativas. En relación con los preceptos autonómicos del tipo "El Derecho civil de la Comunidad Autónoma X será de aplicación a los que ostenten la vecindad civil de la Comunidad Autónoma X" se le pide que sea coherente con la doctrina que, salvo con ligeros vaciles, ha mantenido el Tribunal Constitucional durante décadas en cuanto a su inconstitucionalidad y que, en cierto modo, desoiga los cantos de sirena que, en parte, se infieren de la STC 157/2021 donde, de manera poco precisa y sin aparentemente plantearse las consecuencias que ello conllevaría, el Tribunal Constitucional parece aceptar los preceptos autonómicos que reproduzcan lo que digan las normas de conflicto estatales. Del mismo modo, y aunque no cuentan con ningún precedente que declare su inconstitucionalidad, se recomienda la supresión, o cuando menos aclaración o puesta al día, de las disposiciones autonómicas que consagran la eficacia —entendiendo por tal, aplicabilidad— territorial del propio Derecho civil, más causantes de confusión que útiles en la práctica ante un supuesto de heterogeneidad normativa.

Es turno ahora del legislador estatal. En su función de legislador de Derecho civil, se le pide que entienda que no es el único competente; que los territorios de las Comunidades Autónomas con Derecho civil foral o especial también pueden ir creciendo y elaborando normativas sobre temáticas coincidentes con las suyas, dentro de los límites constitucionalmente marcados. Desde este punto de vista, el legislador estatal es solo "uno más". Distinta es la situación en relación con la elaboración de las normas para resolver los conflictos de leyes, pues la Constitución Española reserva tal competencia al legislador estatal de manera exclusiva. Interesa puntualizar, no obstante, que tal exigencia adquiere matices diferentes si se toman como referencia, por un lado, los conflictos interregionales y, por otro, los internacionales.

En relación con los primeros, se le pide que tenga en cuenta que la plurilegislación civil española es una cuestión dinámica que requiere de un conjunto de normas que la articulen de manera actualizada y adecuada y, si es posible, de manera autónoma. En 1974, cuando se aprueba formalmente el actual Derecho interregional —básicamente, el art. 16 Cc—, existía una pluralidad jurídica que nada tiene que ver con la de 2025. Si no va a elaborar una Ley especial de Derecho interregional, como se le viene reclamando desde largo tiempo, se le pide que tenga en cuenta, al menos, un par de aspectos. El primero, que cuando deja de actualizar "su" Derecho internacional privado con la excusa de que ahora este se basa en los reglamentos europeos y convenios internacionales en su gran mayoría, está dejando de actualizar al Derecho interregional. El segundo, también relacionado con el anterior, que cuando modifica "su" Derecho internacional privado y remite a reglamentos europeos o convenios internacionales, *a priori*, para resolver supuestos internacionales, también les está abriendo la puerta a que estos regulen supuestos interregionales. En definitiva, si sigue optando por resolver este tipo de supuestos con las normas de Derecho internacional privado, que sepa lo que ello conlleva.

Respecto de los supuestos internacionales, se le sugiere que tenga en cuenta que los recientes reglamentos europeos de Derecho de familia y sucesiones, al haber optado por el modelo de remisión indirecta —acompañado de conexiones subsidiarias—, "buscan" a las normas internas sobre conflictos de leyes de España para determinar el concreto Derecho civil español aplicable. El legislador español puede decidir, en consecuencia, prioritariamente, sobre la aplicación de alguno de tales derechos, también en este tipo de supuestos, siempre y cuando el instrumento institucional de que se trate designe la aplicación de la ley española y sea posible. Debe aceptar el legislador español, del mismo modo, que si sus normas internas sobre conflictos de leyes no son capaces de dar respuesta a la identificación de la ley española aplicable en supuestos internacionales, el propio reglamento europeo sea quien pueda determinar la aplicación de un Derecho civil español u otro mediante el empleo de conexiones subsidiarias aplicables en defecto de estas o ante su insuficiencia o inaptitud.

En un tercer nivel podría plantearse qué se le puede pedir al legislador europeo. Sus normas de conflicto, incluyendo las normas de aplicación del sistema, son las que se van a aplicar con carácter preferente sobre las de producción interna en casos internacionales. Tiene, por tanto, un papel protagonista. Sobre este aspecto, por decirlo de una manera elegante, se le pediría que pensara en sí mismo y que no se "dejara utilizar" para resolver los problemas de los demás —los que existen aquí en España en torno a las reglas que determinan la aplicación de un Derecho civil español u otro—. Que a la hora de optar por un modelo de remisión u otro, pensara que España no es el único Estado plurilegislativo del mundo —máxime cuando las normas de conflicto de los reglamentos europeos tienen aplicación universal—; y que las "normas internas sobre conflictos de leyes" de España no se van a aplicar solo por operadores jurídicos españoles, sino por cualquiera de un Estado miembro que deba individualizar la ley española aplicable en un supuesto con elemento de extranjería. En definitiva, que tenga una mayor amplitud de miras.

Como colofón final, dos ruegos más, dirigidos a otros actores involucrados distintos de los anteriores. Uno que puede parecer ínfimo e insignificante ante la preocupante situación planteada y, el otro, utópico, pero que no quede por no anotarlos. En primer lugar, "animar" a jueces o tribunales a que planteen cuestiones de inconstitucionalidad respecto de los preceptos recogidos en las normativas autonómicas —en sentido amplio— que afecten al ámbito de aplicación personal de los Derechos civiles coexistentes. Cuanto antes se vayan depurando del ordenamiento jurídico español, mejor. El segundo, derivado de los problemas de interpretabilidad a que conduce el art. 149.1.8.ª CE, plantear una reforma constitucional en torno al modelo de reparto competencial y las reglas que articulan la plurilegislación civil española. En definitiva, atajar el problema de raíz. ¡A trabajar todos!

BIBLIOGRAFÍA

Álvarez González, S., "Derecho interregional y Constitución", *Revista jurídica de les Illes Balears,* núm. 22, 2023.

Álvarez González, S., "Vecindad civil y Reglamento 650/2012, de sucesiones. Una polémica artificial", *La Ley Unión Europea,* núm. 104, 2022.

Álvarez González, S., "¿Puede un extranjero acogerse al pacto de mejora gallego? El Reglamento 650/2012 y la resolución de la DGSJFP de 20 de enero de 2022", *Revista de Derecho civil,* vol. IX, núm. 1, 2022.

Álvarez González, S., "Cuarenta años de pluralismo civil en España. Desarrollo y conflictos internos e internacionales", en De Castro Ruano, J.L. *et al.* (codirs.) y Bollo Arocena, M.ª D. (coord.), *Cursos de Derecho internacional y Relaciones internacionales de Vitoria Gasteiz 2019,* Tirant Lo Blanch, Valencia, 2021.

Álvarez González, S., "Cuestiones de Derecho interregional en la aplicación de los nuevos reglamentos comunitarios", en Ripoll Carulla, S. (coord.): *Jornadas sobre Derecho, inmigración y empresa,* Marcial Pons, Madrid, 2019.

Álvarez González, S., "La eficacia territorial del Derecho civil autonómico como (no) criterio de aplicación en situaciones internacionales", *Revista de Derecho civil,* vol. IV, núm. 3, 2017.

Álvarez González, S., "Determinación del ámbito personal y territorial del Derecho civil catalán", en A.

Font i Segura (ed.), *La aplicación del derecho civil catalán en el marco plurilegislativo español y europeo,* Atelier, Barcelona, 2011.

Álvarez González, S., *Estudios de Derecho interregional,* Universidade Santiago de Compostela, Santiago de Compostela, 2007.

Álvarez Rubio, J., "Relaciones entre los Capítulos IV y del Título Preliminar del Código Civil en la aplicación del Derecho civil de las Comunidades Autónomas, *Cuadernos de Derecho transnacional,* vol. 17, núm. 1, 2025.

Álvarez Rubio, J.J., "La vecindad civil como punto de conexión ante la creciente complejidad del sistema plurilegislativo español: balance y perspectivas de futuro", *Derecho privado y Constitución,* núm. 38, 2021.

Álvarez Rubio, J.J., "Una renovada dimensión de los conflictos internos: la Ley 5/2015 de Derecho civil vasco y la interacción entre bloques normativos", *Revista española de Derecho internacional,* vol. 68, núm. 2, 2016.

Álvarez Rubio, J.J y Belintxon Martín, U., "Regulación de las crisis matrimoniales y conflictos de leyes internos: una urgente y necesaria reforma", en Guzmán Zapater, M. y Herranz Ballesteros, M. (dirs.), *Crisis matrimoniales internacionales y sus efectos. Derecho español y de la Unión Europea,* Tirant lo Blanch, Valencia, 2019.

Arce Janáriz, A., *Comunidades Autónomas y conflictos de leyes,* Civitas, Madrid, 1987.

Arenas García, R., "Significado de la reforma para el Derecho interregional", *Cuadernos de Derecho transnacional,* vol. 17, núm. 1, 2025.

Arenas García, R., "Vecindad civil" (en Crónica de Derecho interterritorial), *Anuario español de Derecho internacional privado,* t. XXII, 2022.

Arenas García, R., "Pluralidad de derechos y unidad de jurisdicción en el ordenamiento jurídico español", en Font i Segura, A. (ed.), *La aplicación del Derecho civil catalán en el marco plurilegislativo español y europeo,* Atelier, Barcelona, 2011.

Arenas García, R., "Condicionantes y principios del Derecho interterritorial español actual: desarrollo normativo, fraccionamiento de la jurisdicción y perspectiva europea", *Anuario español de Derecho internacional privado,* t. X, 2010.

Asúa González, C.I., "Reparto competencia en materia civil: conexión y bases de las obligaciones contractuales en la reciente jurisprudencia constitucional", *Cuadernos de Derecho privado,* núm. 3, 2022.

Blanco-Morales Limones, P., "Derecho de la persona y de la familia", *Cuadernos de Derecho transnacional,* vol. 17, núm. 1, 2025.

Borrás Rodríguez, A., "El reglamento de la Unión Europea 650/2012 en materia de sucesiones. Aspectos generales y problemas de remisión a un ordenamiento plurilegislativo", *Annals de l'Acadèmia de Jurisprudència i Legislació de Catalunya,* núm. 6, 2014–2016.

Borrás Rodríguez, A., "Quin hauria de ser el paper del veïnatge civil en el Dret interregional del futur?", *Revista jurídica de Catalunya,* vol. 109, núm. 4, 2010.

Borrás Rodríguez, A., "Les ordres plurilégislatifs dans le droit international privé actuel", *Recueil des Cours*, vol. 249, Nijhoff, La Haya, 1994.

Calvo Caravaca, A.-L. y Carrascosa González, J., "Permanencia del Capítulo IV del Título Preliminar del Código Civil: Tratamiento de los problemas generales de aplicación", *Cuadernos de Derecho transnacional*, vol. 17, núm. 1, 2025.

Calvo Caravaca, A.-L. y Carrascosa González, J., *Tratado de Derecho internacional privado*, Tomo I, 2.ª ed. Tirant Lo Blanch, Valencia, 2022.

Castellanos Ruiz, E., "Sucesiones *mortis causa*", *Cuadernos de Derecho transnacional*, vol. 17, núm. 1, 2025.

Cuartero Rubio, M.V., "El título competencial en materia interregional en el contexto de una plurilegislación civil en crecimiento", *Derecho privado y Constitución*, núm. 36, 2020.

De Miguel Asensio, P., "Incidencia de la europeización del Derecho internacional privado", *Cuadernos de Derecho transnacional*, vol. 17, núm. 1, 2025.

De Verda Beamonte, J.R., "¿Qué es lo que queda del Derecho civil valenciano en materia de familia?", *Derecho privado y Constitución*, núm. 31, 2017.

Delgado Echeverría, J., "Codificación, Derecho civil y Derechos civiles forales", *Iura vasconiae: revista de derecho histórico y autonómico de Vasconia*, núm. 17, 2020.

Delgado Echeverría, J., "Vecindad civil y Derecho interregional privado: una reforma necesaria", *Jado. Boletín de la Academia Vasca de Derecho*, año 15, núm. 28, 2017.

Diago Diago, P., "Funciones de la vecindad civil en la solución de los conflictos de leyes y distorsiones del sistema de Derecho interregional", *Revista española de Derecho internacional*, vol. 76, núm. 1, 2024.

Diago Diago, P., "La protección de personas adultas en situaciones transfronterizas e internas: en busca del tiempo perdido", *Revista de la Facultad de Derecho de la Universidad de Granada*, núm. 2, 2024.

Durbán Martín, I., *La España asimétrica: Estado autonómico y pluralidad de legislaciones civiles*, Tirant Lo Blanch, Valencia, 2019.

Egusquiza Balmaseda, M.A., "Cambio de vecindad civil en el sistema plurilegislativo español: ¿Dónde queda la voluntad testamentaria?", *Cuadernos de Derecho transnacional*, vol. 16, núm. 2, 2024.

Egusquiza Balmaseda, M.A., "Instituciones civiles forales allí donde existan y la reserva competencia en todo caso del Estado. Reflexiones a tenor de la STC 157/2021", *Derecho privado y Constitución*, núm. 42, 2023.

Egusquiza Balmaseda, M.A., "Conexión institucional necesaria: desarrollo de los derechos civiles propios en la última jurisprudencia del Tribunal Constitucional", *Derecho privado y Constitución*, núm. 33, 2018.

Fernández-Tresguerres García, A., "Los reglamentos europeos y el Derecho interregional", *Revista Española de Derecho internacional*, vol. 74, núm. 1, 2022.

Fernández Rozas, J.C., "Elaboración y significado de la reforma del Título Preliminar del Código Civil de 1974 en el Derecho internacional privado español", *Cuadernos de Derecho transnacional*, vol. 17, núm. 1, 2025.

Font i Segura, A., "Incidencia del art. 149.1.8.ª CE de la Constitución en el Capítulo V del Título Preliminar del Código Civil", *Cuadernos de Derechos transnacional*, vol. 17, núm. 1, 2025.

Font i Segura, A., "La ley aplicable a los derechos reales en los conflictos internos de leyes en España", en Font-Mas, M. (dir.), *Derecho internacional privado sobre Derechos reales en la Unión Europea*, Marcial Pons, Madrid, 2024.

Font i Segura, A., "El Reglamento UE 2016/1104 en materia de efectos patrimoniales de las uniones registradas: un análisis de su ámbito de aplicación ante la pluralidad legislativa española", *La Ley Derecho de familia*, núm. 38, 2023.

Font i Segura, A., "Articulación del Derecho estatal y la pluralidad normativa" (en Crónica de Derecho interterritorial), *Anuario español de Derecho internacional privado*, t. XXII, 2022.

Font i Segura, A., "Problemas de Derecho interregional suscitados a raíz de la aprobación de la Ley 8/2021 por la que se reforma la legislación civil y procesal para el apoyo a las personas con discapacidad en el ejercicio de su capacidad jurídica", *La Ley Derecho de familia*, núm. 31, 2021.

Font i Segura, A., *Actualización y desarrollo del sistema de Derecho interregional*, Universidade Santiago de Compostela, Santiago de Compostela, 2007.

Francq, S., "Party autonomy and Regulation —Public Interests and Private international Law—", *Japanese Yearbook of International Law*, vol. 59, 2016.

Garau Juaneda, L., "El ámbito de vigencia, el ámbito de aplicación y el ámbito de eficacia de los derechos civiles autonómicos: al hilo del caso particular del artículo 50 de la Compilación del Derecho Civil de las Islas Baleares", *Revista jurídica de les Illes Balears,* núm. 19, 2020.

Garau Juaneda, L., "La necesaria depuración del Derecho interregional español", en A. Font i Segura (ed.), *La aplicación del Derecho civil catalán en el marco plurilegislativo español y europeo,* Atelier, Barcelona, 2011.

García Rubio, M.P., "Incertidumbre y alguna cosa más en la interpretación constitucional del poder normativo sobre la materia civil", *Revista de Derecho civil,* vol. VI, núm. 4, 2019.

García Rubio, M.P., "Presente y futuro del Derecho civil español en clave de competencias normativas", *Revista de Derecho civil,* vol. IV, núm. 3, 2017.

Ginebra Molins, M.E., "El veïnatge civil: regulación, reforma i alternatives com a punt de connexió", en Font i Segura, A. (ed.), *La aplicación del Derecho civil catalán en el marco plurilegislativo español y europeo,* Atelier, Barcelona, 2011.

González Beilfuss, C., "Interregional/Interstate law", en Basedow, J., Rühl, G., Ferrari, F. y De Miguel Asensio, P. (eds.), *Encyclopedia of private international law,* vol. II, Edward Elgar, Cheltenham, 2017.

González Beilfuss, C., *Parejas de hecho y matrimonios del mismo sexo en la Unión Europea,* Marcial Pons, Madrid, 2004.

Goyeneche Echeverría, S., "Sobre la oportunidad (y necesidad) de una reforma del sistema interno de Derecho interregional", *Anuario Español de Derecho internacional privado,* t. XXIII, 2023.

Horrach Armo, J.G., "La aplicación de la legislación civil foral o especial a los extranjeros en virtud del Reglamento (UE) n.º 650/2012. Especial referencia al pacto sucesorio de definición contemplado en la Compilación de Derecho civil de las Illes Balears", *Anuario español de Derecho internacional privado*, t. XXII, 2022.

Iglesias Buhigues, J.L., "La remisión a la ley española en materia sucesoria y de régimen económcio matrimonial", *Cuadernos de Derecho transnacional*, vol. 10, núm. 1, 2018.

Iglesias Buhigues, J.L., "Reflexiones en torno al objeto y función del Derecho internacional privado", *Revista española de Derecho internacional*, vol. XXXV, núm. 1, 1983.

Iriarte Ángel, J.L., "Conflictos internacionales e interregionales de leyes. La norma de conflicto", *Iura vasconiae: revista de derecho histórico y autonómico de Vasconia*, núm. 17, 2020.

Iriarte Ángel, F.d.B., *La necesaria actualización del sistema de resolución de los conflictos internos de leyes*, Dykinson, Madrid, 2023.

Jiménez Blanco, P., "Regímenes económicos matrimoniales transfronterizos y Derecho interregional español", en Pérez Vera, E. *et. al.* (eds.), *El Derecho internacional privado entre la tradición y la innovación. Libro homenaje al profesor doctor José María Espinar Vicente*, Iprolex, Madrid, 2020.

Lasala Llanas, M., *Sistema español de Derecho civil internacional e interregional*, Ed. Revista de Derecho privado, Madrid, 1933.

López Arcona, A., "La diversidad política legislativa seguida por las Comunidades Autónomas con Derecho civil propio al amparo del art. 149.1.8.ª CE", *Revista Boliviana de Derecho*, núm. 25, 2018.

Magallón Elósegui, N.: "El Reglamento (UE) 1104/2016 en materia de efectos patrimoniales de las uniones registradas y las parejas de hecho en el País Vasco", *Anuario español de Derecho internacional privado*, t. XXI, 2021.

Miaja De La Muela, A., *Derecho internacional privado. Introducción y parte general*, t.I, 2.ª ed., Atlas, Madrid, 1956.

Munar Bernat, P.A., "Los problemas que plantea el Reglamento (UE) n.º 650/2012 en el tratamiento del pacto sucesorio de definición (arts. 50 y 51 CDCIB). A propósito de la STSJ Illes Balears de 14 de mayo de 2021", *Revista de Derecho civil*, vol. VIII, núm. 4, 2021.

Oñate Cuadros, F.J., "Fuentes del Derecho, Derecho internacional privado y Derecho sucesorio: propuestas para una reforma del Código Civil", *Jado. Boletín de la Academia Vasca de Derecho*, año 18, núm. 31, 2023.

Palao Moreno, G., "Reflexiones en torno al frustrado proyecto español de Ley especial de Derecho internacional privado", *Cuadernos de Derecho transnacional*, vol. 17, núm. 1, 2025.

Pérez Milla, J.J., *El espacio del Derecho interregional tras los reglamentos de la Unión Europea sobre familia y sucesiones mortis causa*, El Justicia de Aragón, Zaragoza, 2019.

Quinzá Redondo, P. y Christandl, G., "Ordenamientos plurilegislativos en el Reglamento (UE) de Sucesiones con especial referencia al ordenamiento jurídico español", *Indret*, núm. 3, 2013.

Rodríguez Benot, A., "Una lectura europea de la aplicación del artículo 50 de la Compilación Balear a los extranjeros. A propósito del caso *Crul* y su deriva judicial (sentencia de la AP de Mallorca, sección Tercera, de 30 de diciembre de 2020", *Revista electrónica de Estudios Internacionales*, núm. 41, 2021.

Rodríguez Benot, A., "Las reglas sobre aplicación de un sistema plurilegislativo. Una visión desde el exterior", en Cornago Prieto, N., Castro Montero, J.L y Moure Peñín, L. (eds.), *Repensar la Unión Europea. Gobernanza, seguridad, mercado interior y ciudadanía. XXVII Jornadas AEPDIRI*, Tirant Lo Blanch, Valencia, 2019.

Rodríguez Rodrigo, J., "Modificaciones del Capítulo IV, posteriores a la Constitución Española", *Cuadernos de Derecho trasnacional*, vol. 17, núm. 1, 2025.

Sánchez Lorenzo, S., "Las reglas del Título Preliminar del Código Civil en materia patrimonial", *Cuadernos de Derecho transnacional*, vol. 17, núm. 1, 2025.

Symeonides, S.C., "Private International Law: Idealism, Pragmatism, Eclecticism", *Recueil des Cours*, vol. 284, Nijhoff, La Haya, 2017.

Trías De Bes, J.M., *Estudios de Derecho internacional privado con aplicación especial al Derecho español*, Sociedad general de publicaciones, Barcelona, 1921, p. 169.

Zabalo Escudero, E., "Los conflictos de leyes internos. Una perspectiva actual del panorama interregional español", en Cornago Prieto, N., Castro Montero, J.L y Moure Peñín, L. (eds.), *Repensar la Unión Eu-*

ropea. Gobernanza, seguridad, mercado interior y ciudadanía. XXVII Jornadas AEPDIRI, Tirant Lo Blanch, Valencia, 2019.

Zabalo Escudero, E., "Conflictos de leyes internos e internacionales: conexiones y divergencias", *Bitácora Millennium DIPr*, núm. 3, 2016.

Zabalo Escudero, E., "El Derecho aplicable a las situaciones privadas internacionales en los ordenamientos plurales", en Forner Delaygua, J., González Beilfuss, C. y Viñas Farré, R. (coords.), *Entre Bruselas y La Haya. Estudios sobre la unificación internacional y regional del Derecho internacional privado, Liber Amicorum Alegría Borras*, Marcial Pons, Madrid, 2013.

Zabalo Escudero, E., "Artículo 16", en Albadalejo García, M. y Díaz Alabart, D. (dirs.): *Comentarios al Código Civil y las Compilaciones Forales*, t. I, vol. 2, Ed. Revista de Derecho privado, Madrid, 1995.